Bach en concert

ESSAI SUR LES « VARIATIONS GOLDBERG »

Univers Musical

Collection dirigée par Anne-Marie Green

La collection *Univers Musical* est créée pour donner la parole à tous ceux qui produisent des études tant d'analyse que de synthèse concernant le domaine musical.
Son ambition est de proposer un panorama de la recherche actuelle et de promouvoir une ouverture musicologique nécessaire pour maintenir en éveil la réflexion sur l'ensemble des faits musicaux contemporains ou historiquement marqués.

Déjà parus

Christophe LEROY, *Eloge de la Grande Musique, Requiem de nos fins dernières*, 2017.
Roland GUILLON, *L'univers de John Coltrane*, 2017.
Frédéric ROBERT, *La musique française dans l'Europe musicale entre Berlioz et Debussy (1863-1894)*, 2017.
Fabien HOULÈS, *Le premier quatuor à cordes hybride. L'exemple de* Smaqra *de Juan Arroyo*, 2017.
Cédric THÉNARD, *Contribution à une histoire de la modernité musicale, Le festival, Angers, Musiques du XXe siècle (1983-1990)*, 2016.
Rafael ANDIA, *Labyrinthes d'un guitariste,* 2016.
Jean-Blaise COLLOMBIN, *Ennio Morricone, Perspective d'une œuvre*, 2016.
Henri-Claude FANTAPIÉ, *60 ans de vie musicale. De 1945 à nos jours*, 2016.
Amin CHAACHOO, *La musique hispano-arabe Al-Ala*, 2016.
Gérard DE SMAELE, *Banjo attitudes, Le banjo à cinq cordes, son histoire générale, sa documentation*, 2015.
Alain VON RODEN, *Essai d'initiation aux musiques médiévales polyphoniques (ou contrapuntiques), Création d'une Chapelle et d'une École musicale parisienne, Capella & Schola Parisis*, 2015
Clara TESSIER, *Marcel Dortort, un itinéraire musical. Du minimalisme à la synthèse sonore*, 2015.
Isabelle PETITJEAN, *La culture pop au panthéon des Beaux-Arts.* Dangerous, *de Mark Ryden à Michael Jackson*, 2015.
Alain LAMBERT, *Principes de la mélodie, Musiques populaires, philosophie, et contre-cultures,* 2015.
Claude ROLE, *François-Joseph Gossec, Un musicien à Paris, de l'Ancien Régime au roi Charles X*, 2015.

Patrick Calais

Bach en concert

ESSAI SUR LES « VARIATIONS GOLDBERG »

L'Harmattan

5-7, rue de l'École-Polytechnique ; 75005 Paris

http://www.librairieharmattan.com
diffusion.harmattan@wanadoo.fr
harmattan1@wanadoo.fr

ISBN : 978 2 343 12818 4
EAN : 9782343128184

Aux amateurs
pour les encourager à jouer l'œuvre évoquée.

Aux connaisseurs
pour leur suggérer des réponses
à des questions qu'ils se sont peut-être posées.

AVANT-PROPOS

Des amis de longue date venaient passer un week-end à la maison. Avec l'ami on parla musique. « Ah ! Les Variations Goldberg, *disait-il, je ne me lasse pas de les écouter ; c'est vraiment ce que je préfère. » Et voilà que je lui réplique aussitôt : « Si tu veux, un jour je te les jouerai. » Il s'étonne ; je confirme ; on parie : dans quatre ans au plus tard, avec une caisse de champagne pour enjeu, je lui jouerais les* Variations Goldberg. *Les amis repartis, je ne fus pas long à me demander ce qui m'avait pris de m'engager de la sorte. Depuis le temps où je figurais dans les auditions d'élèves de Maître Linglin, c'était bien la première fois ; mais, cette fois, l'affaire était d'une autre envergure. Il avait bien fallu que le désir s'en soit formé déjà pour que j'aie pu m'avancer si promptement.*

Le pari a été tenu de part et d'autre. Quinze ans passèrent. J'étais maintenant préoccupé par la question des enchaînements et des transitions dans différentes disciplines. Je revins aux Variations Goldberg *et, feuilletant ma partition d'autrefois, je lus des remarques, des points d'interrogation que j'y avais notés en marge et qui, souvent, portaient sur les enchaînements justement. En fait, je ne comprenais pas nombre d'entre eux et la question touchait finalement aussi l'ordre ou la disposition des pièces. Je retrouvais le malaise ressenti autrefois et les zones d'ombre qui subsistaient. Dans l'approche habituelle de l'œuvre il y avait confusément quelque chose à quoi je n'arrivais toujours pas à acquiescer vraiment. Et voilà que, tout à coup, mon regard a accommodé autrement et tout s'est éclairé.*

C'est là le départ d'une réflexion qui aboutit à ce petit livre, nourrie de beaucoup de références – comme Montaigne je ne peux m'empêcher de dialoguer avec les livres – et en traduisant au passage les essais de deux auteurs anglais sur le sujet. A la réception d'un premier opuscule où je formulais mon hypothèse, un autre ami – très savant celui-ci - me répondit : « Pourquoi pas ? » J'ai entendu dans ce propos une incitation à poursuivre jusqu'à ces pages qu'on va lire.

J'ai beaucoup appris des éditeurs, biographes, chercheurs, interprètes. Sans ceux-ci, que saurais-je de Bach et de son génie ? Je leur en suis reconnaissant, et parce qu'ils m'ont donné accès à cet univers je me permets de leur dire ce que j'y ai trouvé.

Il est probable que certains estimeront infondées des assertions inattendues, buteront sur des approximations chancelantes voire des erreurs. Mais alors ce ne sont pas eux qui tomberont. L'amateur ordinaire, même s'il se doit d'être rigoureux aussi, ne peut prétendre à l'excellence. J'espère seulement apporter une contribution utile au moins en ce qu'elle permettrait à d'autres, amateurs ou connaisseurs, d'aller plus loin.

Je dois remercier spécialement Dominique Vasseur, Gilles Cantagrel, Céline Frisch et Pierre Verbeek d'avoir accepté de prendre part au dialogue proposé, qui ne les engage en rien, bien entendu, mais témoigne seulement d'une ferveur partagée pour Bach et son œuvre.

P. C.

CHAPITRE I

Avis aux amateurs

En guise de préambule il est bon de rappeler que c'est au siècle dernier, dans les années cinquante, avec le premier enregistrement qu'en fit Glenn Gould, que les *Variations Goldberg* de Jean-Sébastien Bach sont apparues à l'horizon du grand public. Le nom du Canadien est resté longtemps attaché à l'œuvre de manière tout à fait privilégiée, au point qu'on a pu se surprendre à dire : les « Variations Gouldberg ». L'impact – comme on le dit à l'occasion de la chute d'un météorite – fut en effet si fort qu'il a modifié profondément la représentation de Bach dans l'esprit des musiciens et des mélomanes. Le piano de Gould remisait en fond de scène le clavecin de Wanda Landowska qui attendait ce passage de relais pour mourir bientôt dans le pays voisin. Avec Gould, un nouveau départ était donné pour le rayonnement de l'œuvre. Dans le massif des grandes œuvres du compositeur, aux oreilles de nos contemporains, le sommet des *Variations Goldberg* a, d'un coup, dépassé celui de *L'Art de la fugue* ou déclassé l'inusable « Toccata ».

Depuis, on n'a pas cessé de vérifier qu'on n'en a jamais fini avec les *Goldberg*. S'il y a une œuvre musicale qui fascine, c'est bien celle-là. Certes pas ignorée mais tenue à distance au cours du dix-neuvième siècle, exhumée en quelque sorte dans l'entre-deux-guerres, elle infuse et diffuse désormais toujours davantage. Longtemps il a semblé qu'un interprète ne pouvait se permettre d'en donner sa « lecture » qu'au terme d'une longue carrière et à l'âge plus ou moins avancé de la décantation, à l'image du compositeur lui-même. L'œuvre est réputée difficile et on avait toute raison de penser qu'il fallait beaucoup de maturité technique et musicale, voire spirituelle, pour se permettre de l'aborder. Le temps passant, les temps changeant, les jeunes interprètes se sont pris d'audace et le jeune claveciniste ou pianiste d'aujourd'hui entend montrer que, plus que les concours dans lesquels il a peut-être brillé, c'est « dans les Goldberg », concours des concours, qu'il faut le juger. Ils ont bien raison ; après tout, le premier interprète connu, Goldberg justement, était très jeune – sans doute le même âge que Gould ou Barenboim quand ceux-ci ont commencé à jouer l'œuvre - et c'est le maître lui-même qui l'avait instruit des choses de son art. L'œuvre est donc précieuse et le comte von Keyserlingk, son premier bénéficiaire connu, ne s'y est pas trompé.

Du côté du public, une faveur égale s'étend, inspirée peut-être autant par l'attente ambiguë de voir comment tel ou telle interprète « va s'en tirer », que par la vertu pour le coup véritablement et totalement idiosyncratique de l'œuvre. Les organisateurs de concerts comme les producteurs d'enregistrements le savent bien : l'affiche des *Goldberg* attire. D'autant qu'au sein de la bachologie une branche spéciale de la connaissance ou de la glose s'est quasiment développée. Si on la pressent forte et profonde, l'œuvre est pourtant d'apparence relativement modeste ; son vrai titre n'est-il pas : *Clavier Übung se composant d'une Aria avec différentes variations pour le clavecin à deux claviers. Composée à l'intention des amateurs, pour la récréation de leur esprit, par Johann Sebastian Bach compositeur du Roi de Pologne* etc.[1]

L'œuvre est exigeante aussi pour les interprètes comme pour les auditeurs, ne serait-ce que par sa longueur. Les uns et les autres ne cessent pas néanmoins de la découvrir davantage avec le temps, comme si en gravissant les pentes de cette montagne la lumière se faisait de plus en plus vive et attirante. Au fond, aujourd'hui, nous sommes tous devenus des comtes von Keyserlingk, mais c'est à nos machines le plus souvent que nous disons : « Jouez-moi, je vous prie, une de mes variations ».

*

Justement, il y a peut-être là un problème. Car, amateurs de musique, c'est pour vous que Bach a composé cette œuvre communément appelée *Variations Goldberg* et c'est bien lui-même, on vient de le voir, qui précise : « à l'intention des amateurs, pour la récréation de leur esprit ». La formule est fréquente en tête des œuvres pour clavier éditées par Bach. Et quand ce n'est pas le cas on peut comprendre pourquoi. Ainsi, pour la *Clavier Übung III* (préludes sur des cantiques) le compositeur élargit le public auquel il s'adresse : « [...] à l'intention des amateurs, et surtout des connaisseurs d'œuvres semblables [...] ». Il est aisé de voir dans cette précision qu'il pense aux musiciens professionnels ou tout au moins

[1] Gilles Cantagrel, *Bach en son temps, Documents de J.-S. Bach, de ses contemporains et de divers témoins du XVIIIe siècle, suivis de la première biographie sur le compositeur, publiée par J. N. Forkel en 1802*. Hachette « Pluriel », Paris,1982. Nouvelle édition revue et augmentée, Fayard, Paris, 1997 - p. 201.

officiellement en charge de tenir l'orgue à l'église. Bach – comme ses contemporains - fait donc une distinction entre amateurs et connaisseurs. On voit bien qui sont à ses yeux les premiers cités, à la lecture de la page de titre du *Clavier bien tempéré* : « [...] au profit et à l'usage de la jeunesse musicienne avide d'apprendre, et aussi pour le passe-temps de ceux qui sont déjà habiles en cette étude [...] ». Un peu plus tard, en tête des *Inventions*, il indique vouloir exposer « aux amateurs de clavecin, et en particulier à ceux qui sont avides de s'instruire, une méthode claire pour apprendre non seulement à jouer proprement à deux parties, mais encore [...] à bien exécuter », à « parvenir à un jeu chantant », à « acquérir un avant-goût de la composition ». Il y a là une véritable vision du monde des amateurs et un programme évolutif pour leur formation. Quant aux connaisseurs, outre une page de titre comme celle citée plus haut, il y a une foule de faits, récits, témoignages, rapports, correspondances et attestations qui montrent combien Bach se veut en première ligne pour la promotion du musicien dans son métier, le niveau d'exigence qui doit être le sien, la considération à laquelle il doit prétendre et tout cela dans une vision intégrée qui ne sépare pas le chant, la pratique instrumentale – souvent plusieurs instruments – la composition, la science musicale.

Au fond, le connaisseur c'est celui qui « n'a pas à craindre de se faire entendre[1] », comme Bach le dit de Johann Ludwig Krebs. Roland Barthes dira de l'amateur

---

[1] *Les écrits de Jean-Sébastien Bach* présentés et commentés par Werner Neumann et Hans Joachim Schulze – Edition critique intégrale, revue et augmentée par les Archives Bach de Leipzig et l'Institut Jean-Sébastien Bach de Göttingen – Traduction française et notes critiques par Simone Wallon et Edith Weber – Editions Entente, Paris, 1976, p. 134.

que c'est « celui qui ne se fait pas entendre[1] », ce qu'illustre très bien le cas de Jean-Paul Sartre : « Il valait mieux, à mon sens, éviter que les gens m'écoutent, et je m'y efforçai. J'ai gardé cette prudence, j'ai maintenu cette protection pour eux et pour moi jusqu'à soixante-cinq ans. En fait, j'ai toujours joué du piano de deux à quatre heures par jour. Non pas pour faire des progrès, mais pour apprendre des musiques nouvelles, des musiciens, des airs nouveaux[2]. »

On objectera qu'il n'est pas vraiment légitime de rapporter la distinction amateurs / connaisseurs à ce qu'elle est devenue aujourd'hui, distinction amateurs / professionnels. La distinction est cependant traditionnelle mais évolutive assurément. Si l'histoire de la vie musicale, comme celle d'autres disciplines (sports, jeux, …) montre que le mouvement s'est fait dans le sens de l'amateur vers le professionnel, les amateurs formant le terreau où naissent souvent les professionnels, les choses sont devenues néanmoins plus complexes et la distinction moins simple, au point qu'on peut voir des amateurs (surtout en collectif) qui se font entendre parce que la présence d'un public est inhérente à l'exercice de leur discipline (cas du théâtre) ou parce qu'il ne peut y avoir, économiquement parlant, assez de professionnels (cas des chœurs). Les situations de mixité associant bons amateurs et professionnels ne sont pas rares et on trouve parfois des

---

[1] Adrien Chassain, « Roland Barthes : « Les pratiques et les valeurs de l'amateur » », *Fabula-LhT*, n° 15, « "Vertus passives" : une anthropologie à contretemps », octobre 2015, URL : http://www.fabula.org/lht/15/chassain.html, page consultée le 11 juillet 2017.

[2] Entretien de Lucien Malson avec Jean-Paul Sartre, *Le Monde*, 28 juillet 1977.

« amateurs de haut niveau[1] ». Il est vrai aussi qu'on a vu des astronomes amateurs découvrir des étoiles.

Quoiqu'il en soit, aujourd'hui comme hier le critère décisif reste généralement le statut, avec une ligne de partage qui passe entre le professionnel payé pour ce qu'il fait et l'amateur payant pour ce qu'il se plaît à faire. Mais un processus accompagne souvent l'évolution : plus l'empire du professionnel, soutenu par celui des médias, se renforce et plus l'amateur se retrouve marginalisé, sauf à le considérer comme préprofessionnel, substitut, faire-valoir ou trompe-l'œil [2].

On peut bien parler de développement culturel, il n'empêche que l'arbre de l'augmentation des « pratiques culturelles » - d'ailleurs relative - masque mal un phénomène de déculturation. L'amatorat a fait place à l'amateurisme, et l'amateur au mélomane. H. Arendt voyait la culture se détruire pour qu'advienne le loisir[3], et B. de Jouvenel notait : « les plaisirs authentiques ne consistent pas à *consommer de l'art* mais à en produire ; et qui n'en produit pas est un consommateur malhabile[4].» Division du travail, productivisme, mutation du producteur en consommateur et des biens en produits, tous ces traits de la modernité affectent la musique aussi.

S'il revenait parmi nous, Jean-Sébastien Bach serait sans doute stupéfait de constater le changement. Certes, la

---

1 Cf. pour exemple : www.atelierpublic.fr, où le musicien Michel Pirson s'explique sur son activité de chef de chœur en tant que *le musicien amateur* qu'il entend rester.

2 A qui, par exemple, profiterait un « concours pour musiciens amateurs » l'idée de concours étant bien la plus opposée à celle d'amateur ?

3 Hannah Arendt, *La Crise de la culture*, trad. P. Lévy, Folio, Gallimard, p. 270-271

4 Bertrand de Jouvenel, *Arcadie - Essais sur le mieux-vivre*, S.E.D.E.I.S., Paris, 1968, p. 118.

jeunesse toujours créative invente sa musique, mais ces *Variations* composées « à l'intention des amateurs, pour la récréation de leur esprit », qui les joue, sinon les professionnels ? Ivan Illich avait trouvé la notion de « monopole radical » (dans l'éducation, la santé, les transports …) pour pointer le transfert des pratiques libres, ordinaires ou coutumières, vers le domaine professionnel et marchand. Y aurait-il quelque chose de même nature dans cette affaire ?

Cet essai est une tentative pour retrouver l'intention du compositeur, pour inviter, inciter les amateurs à faire l'expérience personnelle des *Variations Goldberg*, pour comprendre en la jouant une œuvre à nulle autre pareille.

CHAPITRE II

Ecouter, réécouter, jouer

Le rêve reste vain d'une écoute « pure », première, de fraicheur inaugurale. A des oreilles non préparées, la découverte par surprise des *Variations Goldberg*, à la radio, par exemple, intrigue probablement plus qu'elle ne séduit. Au concert, le sentiment d'une vie plus intense ne manque pas de se répandre ; mais si l'interprète « en joue » plus qu'il ne les joue, il enferme son public dans la performance ; on voit le comédien, mais pas le personnage, le virtuose mais pas les *Goldberg*. Parfois, au concert, j'ai eu la sensation que l'exécution du programme *Variations Goldberg* se déroulait comme passe un train à grande vitesse : l'Aria comme locomotrice de tête, les trente variations comme les voitures, l'Aria comme locomotrice de queue ; l'ensemble restant lié comme un serpent articulé, sans la moindre respiration pendant quarante, soixante ou soixante-dix minutes. Le train des *Variations Goldberg* est passé, mais on n'a rien vu, que la trace des lumières dans la nuit. Il est d'heureux concerts et des bons musiciens, évidemment, où quelque chose est donné qui est de l'ordre du paysage : une large perspective à l'horizon longtemps incertain, où évoluent des éléments variés – on pense à des tableaux flamands – mais qui n'ont rien de montagnard . De la première mesure à la dernière, c'est une vaste plaine qui se découvre à l'oreille, avec une rivière en premier plan. Ce n'est pas tout mais c'est sans doute l'essentiel. Aux premières pages d'un livre de référence, Gilles Cantagrel souligne l'importance des images de l'eau chez Bach[1]. Et il est vrai qu'avec les *Variations Goldberg* particulièrement, les mots de Braque : « Le perpétuel et son bruit de source » viennent immédiatement à l'esprit.

A partir de là, un processus peut s'enclencher ; voilà une œuvre qui – comme on le dit de la lecture de la *Recherche* de Proust - se réécoute plus qu'elle ne s'écoute. La première écoute se fait par prescription sociale, directe ou indirecte ; les écoutes suivantes relèvent d'une démarche personnelle. Et cela ne va pas sans une recherche d'information, de connaissance, pour aller plus loin dans la découverte et la jouissance de l'œuvre. Au demeurant, pas de concert sans un programme, pas d'enregistrement sans un livret qui n'explique l'œuvre, son origine, ses caractéristiques, ce qui inspire l'interprétation du musicien. En même temps, c'est là une difficulté aussi car, il ne faut pas se le cacher, il va nous être difficile désormais de mettre de côté cette information ou connaissance. Pas non plus d'écoute nouvelle sans rapprochement, sans comparaison avec d'autres interprétations. Pas d'écoute nouvelle sans anticipation : l'auditeur sait déjà la suite de l'histoire et il va la connaître de plus en plus. Le tout est de savoir si c'est aussi de mieux en mieux.

Mais justement, parce qu'elles touchent tout à la fois les sens, l'esprit et le cœur, parce qu'elles sont d'un art qu'aucune érosion n'atteint, parce qu'elles sont généreuses sans retenue, les *Variations Goldberg* font mieux que la bourse de Fortunatus et l'or qu'elles dispensent à profusion est d'une autre nature que celui de Keyserlingk. Cela ne peut aller sans quelque initiation ; l'enjeu, pour le dire simplement, est de comprendre. Car « l'œuvre

---

[1] Gilles Cantagrel, *Le Moulin et la rivière – Air et variations sur Bach*, Fayard, Paris, 1998 - p.13.

[musicale] n'existe pas en dehors de son exécution[1] ». Et la meilleure voie pour avancer dans cette direction est de jouer les *Variations Goldberg.* En effet, « on n'est ému ' musicalement ' que par une chose que l'on a reconstruite, à laquelle on a collaboré[2] ». L'intelligence nécessaire de l'œuvre passe par là, pour les amateurs tout autant que pour les musiciens savants, insiste B. de Schlœzer.

Mais c'est difficile, dira-t-on ! Difficile, certes. Beaucoup moins qu'on le prétend, peut-être pour de mauvaises raisons. Car ce qu'on imagine face à cette proposition c'est l'injonction à jouer « comme pour donner un concert de professionnel». Ce n'est pas cela que j'évoque ici. Les musiciens professionnels se doivent de maîtriser les difficultés, c'est la moindre des choses, et plus encore. Ce à quoi on doit penser à nouveau, c'est à développer sans (vraie ou fausse) honte la pratique musicale amateur jusqu'à jouer « proprement » pour soi-même et pour le cercle d'autres amateurs des pièces de musique que nous aimons et souhaitons partager. C'est la condition pour sortir de la culture-consommation et passer à la culture culturante si l'on ose dire, celle qui passe par le faire. Bach a dit à ce propos les seules recommandations qui comptent. D'abord il parle de *Klavier Übung* : pratique du clavier [*üben* = exercer, pratiquer – *Klavier üben* = travailler le piano]. Bach ne dissocie jamais le jeu et l'étude, le plaisir et le travail ; le compositeur, le pédagogue, le musicien en action, en lui c'est tout un. A ceux qui trouvent un morceau difficile, Bach répond : « Travaillez-le seulement avec diligence, et cela marchera très bien : vous avez à chacune de vos deux mains cinq

[1] Boris de Schlœzer, *Introduction à J.-S. Bach – Essai d'esthétique musicale*, Gallimard, 1947 ; coll. Idées, 1979, p. 24.
[2] *Ibid* p. 45.

doigts aussi bons que ceux que je possède[1]. » Et son fils Carl Philip Emanuel se souvient : « Ses élèves avaient directement accès à ses pièces qui n'étaient point faciles[2]. »Bach est allemand aussi et, comme on sait, les Allemands ont une tradition de *Hausmusik,* ce qui manque totalement aux Français. Un Français entend être le meilleur aux yeux de tous, ou rien ; moyennant quoi la plupart des Français sont de piètres musiciens.

Pratiquer les *Variations Goldberg* à l'instrument – clavecin ou piano ou clavier numérique – c'est vraiment leur ouvrir la porte de notre intérieur. Peut-être ne jouera-t-on pas toute l'œuvre, peut-être faudra-t-il quelques années pour la jouer toute « proprement », peut-être certains tempi resteront-ils hors d'atteinte ; mais on peut affirmer que n'importe quel élève de conservatoire ou école de musique ayant effectué un parcours « honnête » est capable d'explorer ce monument. Celui ou celle qui a trouvé son miel dans les *Inventions*, les *Partitas*, les *Suites* ou le *Clavier bien tempéré* peut tenter l'aventure et en venir un jour à penser : « en fait, ce n'est pas si difficile que je le croyais ». Et puis même, si ce jour n'arrivait pas, on entendrait autrement ces fameuses variations, vivant dès les deux premiers *sol* de l'Aria la promesse d'une grâce infinie et toujours renouvelée.

Dans cette perspective, la première démarche est donc d'ouvrir la partition, de la feuilleter, de la lire « naïvement » d'abord. Une partition de préférence *urtext*, peu chargée d'annotations et de doigtés (le temps viendra d'y indiquer au crayon ses propres doigtés), au graphisme agréable. La première impression – si on a déjà joué Bach

---

[1] Johann Nikolaus Forkel, *Sur la vie et les œuvres de Johann Sebastian Bach*, Leipzig, 1802, dans G. Cantagrel, *Bach en son temps*, p. 447.

[2] Carl Philip Emanuel Bach, *Essai sur la vraie manière de jouer des instruments à clavier*, Lattès, 1979.

- est qu'il y a là un ensemble de pièces très variées qui tantôt font penser à une *imitation* ou un *prélude*, tantôt donnent l'illusion que tel *air* vient d'une autre œuvre ou que telle phrase se verrait bien dans une *fugue* pour orgue. Il y a un côté miscellanées que la désignation des variations n'aiderait guère à ordonner, n'étaient ces *canons* qui ont des chances de se révéler austères. Déjà bien des questions se posent : que vient faire une *Ouverture* en plein milieu ? Comment jouer *a 2 clav.* sur un seul clavier ? Quels enchaînements entre les différents mouvements, et que nous disent les points d'orgue à ce point de vue ? Au moins voit-on quelques repères familiers : la tonalité de sol majeur presque constante ; la mesure à ¾ pour presque la moitié des mouvements. La vue d'ensemble, c'est ce qui n'apparaît pas de prime abord, et pourtant l'œuvre est présentée comme *une*. On voit celle-ci plutôt comme un recueil à la manière des recueils d'un Schumann que comme des variations à la façon d'un Haendel ou d'un Mozart. Mais enfin, la dernière page de la partition indique : *Aria da capo e fine,* ce qui est bien l'indice d'une œuvre cyclique, plus évidente encore si l'Aria est reproduite textuellement.

La partition moderne, imprimée, même si elle adapte la notation originale (en modifiant les clés ou les ornements, par exemple) pour la rendre plus claire et accessible à nos yeux, achemine la création de Bach jusqu'à nous. Un exemplaire gravé d'époque de la même œuvre ne manquerait pas de nous rapprocher davantage de son auteur. Que dire alors de l'émotion de celui qui a sous les yeux un tel exemplaire, annoté de la main même de Jean-Sébastien Bach ? C'est ce qui est arrivé à Olivier Alain – musicien-musicologue, lui aussi d'une famille de musiciens – qui raconte : « [en visite à Strasbourg, en fin janvier 1974] une heureuse coïncidence [me] permit d'assister à un remarquable récital de clavecin donné par

Paul Blumenroeder (...) qui exécuta en première partie la *Clavier übung* IV de Bach qu'il avait la chance de posséder, et il ne manqua pas de me faire remarquer l'adjonction manuscrite qui, dans cet exemplaire, occupe tout le recto du dernier feuillet[1]. » Il s'agissait bien de l'exemplaire personnel des *Variations Goldberg*, corrigé et complété. La découverte – majeure - était double : d'une part, on pouvait y voir les corrections de détail et précisions apportées par Bach, informations précieuses sur sa manière de réviser ses compositions ; d'autre part, on prenait connaissance pour la première fois de 14 canons ajoutés de sa main et sur une seule page. Dans les mois qui suivirent, après expertise de l'écriture de Bach et diverses validations, Olivier Alain a démontré l'importance de ces canons pour la compréhension des *Variations Goldberg.* La question lui a été beaucoup posée : « Comment se fait-il que ce document soit resté inconnu si longtemps ? », question à laquelle O. Alain répond : « je sais fort bien qu'il [Paul Blumenroeder] a montré maintes fois cette page à des musiciens, dont certains très notoires, mais que personne, jusqu'à notre rencontre imprévue, n'a manifesté le désir d'étudier sérieusement la question[1]. » Ainsi, la leçon de cette histoire, c'est qu'on ne regarde jamais assez.

[1] Olivier Alain – qui avait publié quatre ans plus tôt un petit livre, *Bach*, (Classiques Hachette de la musique, 1970) toujours recommandable, même s'il est dépassé par sa propre découverte – a fait un riche compte-rendu de celle-ci, l'année suivante, dans : *Un supplément inédit aux Variations Goldberg de J. S. Bach*, Revue de Musicologie, Tome LXI, 1975, n°2. - Cet « exemplaire de Strasbourg » se trouve aujourd'hui à la Bibliothèque Nationale (Ms. 17669) et peut être consulté sur le site BNF – Gallica.

CHAPITRE III

Le corpus du consensus

Immanquablement, dès que l'on a commencé à s'intéresser aux *Variations Goldberg* on veut en savoir plus. Il y a dans l'œuvre quelque chose qui intrigue. Comment fait-elle de l'un avec du divers? Comment parvient-elle à nous surprendre avec des matériaux à tout prendre assez connus, voire familiers ? Comment ne nous endort-elle pas alors qu'elle est si longue ? Il doit bien y avoir quelque mystère à mettre au jour ; il y a en tout cas le soupçon que la partition ne nous dit pas tout, ou que nous ne savons pas la lire comme il faut. Le fait est qu'à partir du moment où nous sommes davantage informés nous ne cessons de prendre conscience de l'importance tout à fait essentielle, radicalement fondamentale si l'on ose dire, de la construction intellectuelle de l'œuvre, insoupçonnable à l'écoute, et qui pourtant est au cœur de ce qui fait son rayonnement. Rapidement, la question devient : par quel don miraculeux ou quelle science « le vieux Bach », comme dira Frédéric II, peut-il faire du simple avec ce qui bientôt va paraître tellement complexe ; simple voulant dire ici : ce qui nous touche directement.

Ainsi, peu à peu, les programmes, les livrets des enregistrements, les entretiens avec les interprètes dans les médias, les articles de critique musicale, les blogs, contribuent à former une base documentaire autour de ce qui semble faire consensus. De là se dégage un corpus de ce qui parvient jusqu'au grand public mélomane, et que je crois pouvoir formuler de la manière qui suit, au moins pour ce qui le plus souvent diffusé et sachant que tel ou tel point est contesté par l'un ou l'autre spécialiste.

*

L'usage s'est établi d'appeler *Variations Goldberg*, l'une des dernières grandes œuvres de Bach, dont le titre original et complet est : *Clavier Übung se composant* … (voir plus haut) . L'appellation courante s'explique par l'histoire de l'œuvre dont a témoigné le premier biographe de Bach, Forkel, dans un ouvrage publié en 1802[1]. Selon Forkel, le comte Kaiserling, ambassadeur de Russie à la Cour de l'Electeur de Saxe, souffrait d'insomnie. Il avait à son service un très jeune musicien, Goldberg - dont Bach avait été le dernier maître – à qui il demandait de lui jouer de la musique, la nuit, s'il s'éveillait. « Le comte dit un jour à Bach qu'il aurait aimé avoir pour Goldberg quelques morceaux de clavecin. » Bach donna au comte ce qu'on appelle donc les *Variations Goldberg.* Et Forkel d'ajouter : « Toujours le comte les appelait *ses* variations. Il ne se lassait jamais de les entendre, et, dans la suite, pendant ses longues insomnies, il avait coutume de dire : « Cher Goldberg, jouez-moi donc , je vous prie, une de mes variations ». Jamais peut-être Bach ne reçut pour aucun de ses ouvrages une aussi belle récompense : car le comte lui fit cadeau d'un gobelet d'or empli de cent louis d'or. »

On a aussi coutume de dire que ces *Variations Goldberg* forment le volume IV de la Clavier Übung, après Clavier-übung I / *Partitas pour clavecin*, Clavier Übung II / *Concerto italien* et *Ouverture dans le style français*, Clavier Übung III / *Messe luthérienne* ou *Dogme en musique*. Tous ces recueils publiés par Bach constituent

[1] Johann Nikolaus Forkel, *op. cit.* – p. 421.

un vaste ensemble d'art du clavier – clavecin, clavicorde, orgue – et chacun marque une étape importante dans la production du compositeur.

La Clavier Übung IV, donc, comporte 32 pièces. L'*Aria* est la première, suivie de 30 variations, à la fin desquelles le compositeur a écrit : *Aria da capo e fine*, ce qui signifie qu'il faut jouer à nouveau l'*Aria* du début pour finir. On peut remarquer que toutes les 3 variations, on trouve une variation en canon, et que de la Var. 3 à la Var. 27 l'intervalle utilisé est croissant (depuis le canon à l'unisson jusqu'au canon à la neuvième). Là où on s'attendrait à trouver un canon à la dixième, à la Var. 30, il y a un *quodlibet*. En précisant l'observation on voit que les 30 variations sont organisées en 10 groupes de 3 variations, chaque groupe étant composé d'une variation libre, d'une variation virtuose et d'une variation canonique, cette dernière étant en troisième position. Certaines variations se distinguent par une particularité. La Var. 16 est une *Ouverture à la française*, ce qui donne à penser qu'elle ouvre la seconde partie d'une œuvre en 2 parties. La Var. 30, le *quodlibet*, combine des airs populaires, ce qui donne une touche d'humour, burlesque même, pour finir. Les Variations 15, 21 et 24 sont en sol mineur alors que toutes les autres sont en sol majeur. On note parfois la singularité de la Var. 1 (qui « fait songer à une grande arche s'ouvrant sur le reste de l'œuvre », dit Rosalyn Tureck[1]), et celle de la Var. 2 (« c'est à partir de la deuxième variation que l'œuvre se construit elle-même », note Daniel Barenboim[2]), celle encore de la Var.7, notée *tempo di giga* par le compositeur (et

---

[1] Rosalyn Tureck, trad. Dennis Collins, livret de son enregistrement Deutsche Grammophon, 1999, CD 459599-2, 1999

[2] Daniel Barenboim, livret de son enregistrement Erato 2292-45468-2, 1991.

Murray Perahia rappelle que « la gigue est la danse par laquelle s'achèvent toujours les suites[1]»). Il y a enfin celles qui demandent deux claviers (notamment celles à « mains croisées ») : Variations 7, 8, 11, 13, 14, 17, 20, 23, 25, 26, 27, 28, 29.

Le terme de variations ne doit pas induire en erreur. Il ne s'agit pas ici de variations à partir d'un thème mélodique (comme Mozart, par exemple, a fait sur *Ah vous dirai-je maman*) mais, à partir d'une basse, celle de l'*Aria* initiale, presque toujours repérable, au moins dans l'écriture sinon à l'écoute, et sur laquelle sont édifiées les pièces de style varié. La basse – de 32 notes – est un thème simple, presque banal, bien connu des musiciens de l'époque, comme les œuvres à 30 variations ; on cite notamment à ce propos Scarlatti, Buxtehude. On est ici proche des formes traditionnelles de la *chaconne*, de la *passacaille* ou du *ground* anglais. Autre observation d'importance : par sa basse l'*Aria* apporte à toute l'œuvre le bain harmonique qui contribue beaucoup à assurer l'unité de l'ensemble, unité que risquerait de compromettre l'extrême diversité des variations.

A partir de là, l'exégèse numérologique se développe plus ou moins largement : l'*Aria* – une *sarabande* – comprend 32 mesures, se partageant en 2 sections de 16 mesures chacune, elles-mêmes divisibles en 2 phrases de 8 mesures. Le schéma harmonique de chaque mesure de l'*Aria* se retrouve progressivement par homothétie dans la plupart des variations. Selon les musicologues ou interprètes, beaucoup de chiffres sont repérés comme remarquables, pour des raisons diverses : 2 / 3 / 4 / 8 /16 / 32.

Globalement, si l'idée d'arche est assez présente, l'est plus encore celle de retour du semblable, d'une œuvre

[1] Murray Perahia, trad. Josée Bégaud, livret de son enregistrement Sony classical SK 89243, 2000.

cyclique, d'une œuvre qui n'a pas de fin, ou qui fait revenir là où elle a commencé.

Enfin on reconnaît à l'œuvre un mouvement général assez significatif, du plus récréatif au plus sérieux, voire tragique, du plus aisé techniquement au plus virtuose, un « crescendo d'énergie » (Davitt Moroney)[1]. Par contre, la compréhension du sens de l'œuvre donne lieu à un éventail aussi varié que les variations elles-mêmes, et si l'on cherche un point de rencontre c'est du côté d'une interprétation spirituelle ou religieuse qu'on le trouvera. Rosalyn Tureck : « Cette fin et ce commencement [l'*Aria da capo*] nous conduisent sur un nouveau plan, à une nouvelle naissance de notre vision, qui véhicule une impression transcendante d'un futur au-delà du temps[2]. » - Murray Perahia : « L'intensité tout en demi-tons de cette pièce [Var. 25] sombrement chromatique [...] tout contribue à créer ce qui paraît être une description programmatique de la Crucifixion ou, tout au moins, du climat mortuaire qu'elle évoque[3]. » - Gilles Cantagrel : « On remarquera que toutes les trois pièces, jusqu'à la vingt-septième – 27, c'est 3 x 3 x 3 donc la glorification de la Trinité élevée à sa propre puissance –, la variation est un canon. Le canon, c'est-à-dire la règle qui met en action le principe musical de l'imitation, récurrente image chez Bach du chrétien conduisant ses pas sur la voie que lui montre le Christ, à l'imitation de Jésus - Christ[4]. » - Maria Yudina associait, paraît-il, un texte biblique à chaque variation.

---

[1] dans *Les Mots et les notes*, émission de Martine Kaufmann, France-Musique, 24-28 février 1997

[2] Rosalyn Tureck, *op. cit.*

[3] Murray Perahia, *op. cit.*

[4] Journal *La Croix*, du 25 janvier 2000

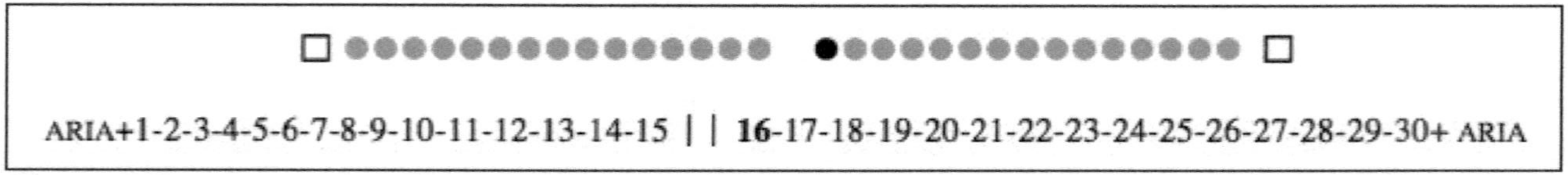

Fig. 1 – *L' œuvre en 2 parties*

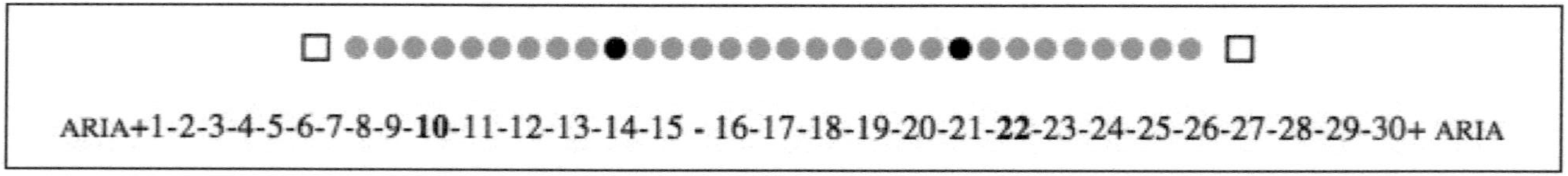

Fig. 2 – *L'œuvre en 3 parties*

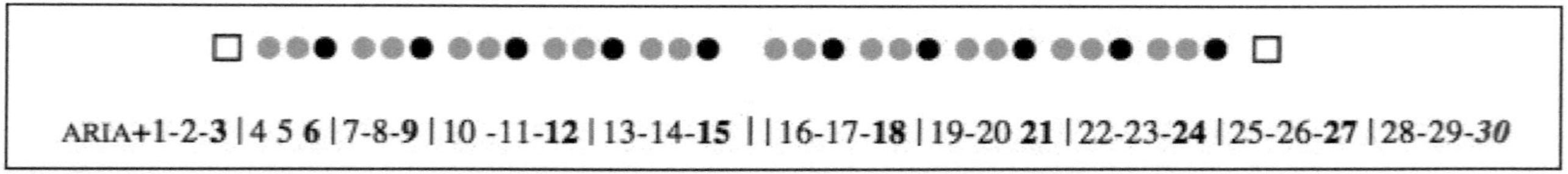

Fig. 3 - *Les variations en 10 groupes x 3 (canons en troisième position)*

ARIA+1-2-3-4-**5**-6-7-8-9-**10**-11-12-13-14-**15**-16-17-18-19-**20**-21-22-23-24-**25**-26-27-28-29-**30**+ ARI A

Fig. 4 - *Les variations en 6 groupes x 5*

- La *Fig. 1* montre le schéma de base le plus largement reconnu, au regard de la présence de l'Ouverture à la française en Var. 16 (au disque, ce schéma est parfois renforcé du fait du partage des parties en deux CD).
- La *Fig. 2* propose – et c'est peu fréquent - un schéma en trois parties en considérant comme mouvements centraux la Var. 10 et la Var. 22, les deux variations fuguées qui sont « à distance symétrique de 6 par rapport à l'Ouverture » (Lars Ulrik Mortensen[1]).
- La *Fig. 3* montre le second schéma de base reconnu, qui se combine avec le premier et le complète. C'est celui des triades.
- La *Fig. 4* présente un schéma (défendu par Davitt Moroney) qui intègre le premier et le complète mais en ignorant le précédent.

[1] Lars Ulrik Mortensen, livret de son enregistrement Kontrapunkt 32023, 1989. Mortensen extrapole peut-être une remarque faite par Peter Williams à propos de la Var. 18.

*

Voilà donc ce qu'on trouve pratiquement partout, chaque fois que sont évoquées ou présentées les *Variations Goldberg*, une œuvre de grande envergure, du genre « thème et variations » à *da capo,* destinée au clavecin à deux claviers. Pour autant, on convient aisément qu'on n'épuise jamais le sens de l'œuvre, et les interprètes – au clavecin, au piano, au clavicorde, à l'orgue ou à l'accordéon même – entendent bien souligner quelle lecture ils en font ; au disque, ils ne sont pas rares à proposer plusieurs versions et les critiques sont attentifs alors à faire les rapprochements significatifs.

On peut remarquer que de nombreux interprètes, à quelques nuances près (brève pause entre la Var. 15 et la Var. 16, après l'Aria initiale, avant l'Aria finale), donnent l'œuvre de manière continue, semblant souscrire au propos de Daniel Barenboim: « Il me semble qu'il faille construire l'œuvre comme une longue séquence restituée dans sa continuité » ; et Barenboim complète : « presque comme un acte d'opéra wagnérien où on n'entend pas le changement de vitesse[1]. » Ne sont pas rares, néanmoins, ceux qui partageraient le propos de Céline Frisch : « Je suis en tous cas assez persuadée que plusieurs cycles ou échelles coexistent dans l'architecture de la pièce (10x3, 2x15, 3x10, groupes de 5, etc.)[2].

Ceci est illustré dans les schémas présentés pages précédentes.

Finalement, ces différentes figures résument ce qu'on pourrait appeler le *séquençage* des *Variations Goldberg.* Pour prendre comparaison dans un art voisin, on dira que la question est de savoir si l'œuvre est faite d'un plan-séquence ou de plusieurs séquences et lesquelles. Question

---

[1] Daniel Barenboim, *op. cit.*

[2] Céline Frisch, correspondance avec l'auteur.

qui renvoie à la circularité de celle-ci, par le *da capo*, circularité horizontale au moins. Car il y a une autre circularité, verticale celle-là, qui est fondée sur le système-gigogne, qu'on dirait fractal, des *Goldberg*. En partant de l'œuvre dans sa totalité, on voit en effet que c'est un système qui emboîte successivement la partie (avant / après la Var. 16), la triade (groupe de 3 variations), la variation (32 mesures sauf exceptions), la partie (de variation, 16 mesures) et la section (8 mesures). Et il faut continuer de creuser plus à fond, jusqu'au niveau de la mesure et celui de la note même, car cette autre circularité s'effectue ici dans un jeu harmonique complexe d'échos ou de correspondances entre l'Aria et les différentes variations, jeu où la Basse tient le premier rôle. Le thème de cette dernière peut bien se métamorphoser, se faire représenter par ses harmoniques, s'échapper même parfois dans une autre voix, il est toujours présent, assurant l'unité d'un milieu où vont pousser les musiques entendues.

Il y a donc un cadre formel, extrêmement fort, complexe, contraignant pour le compositeur et néanmoins quasiment non détectable à l'écoute, pour le commun des « amateurs et connaisseurs », qui se résume dans la formule : sur 32 pages / 32 mouvements / 32 mesures / 32 notes. Pour l'auditeur, tout est fait pour lui assurer confort et confiance, et lui permettre de recevoir de la meilleure manière des propositions étonnantes. Par l'unité tonale et l'homogénéité de la soupe harmonique on est en pays de connaissance : la langue ne change pas, l'air a une senteur unique.

CHAPITRE IV

Des questions demeurent

Il y a donc un ensemble de faits, d'observations, d'analyses qui, à propos des *Variations Goldberg*, font consensus aujourd'hui. Ou semblent faire consensus. Ou qui font consensus à tort. Même si, à l'occasion, un érudit ou un interprète (le même parfois) apporte une nécessaire et légitime correction, la force de la *doxa* est telle que la précision nouvelle et recevable ne passe pas.

Ainsi de la place de l'œuvre par rapport à la série des *Clavier Übungen* I, II, et III. Autant il n'y a pas grand dommage à appeler *Variations Goldberg* des variations que le jeune musicien s'est contenté (!) de jouer - car nul n'est abusé sur la paternité de Bach - autant parler de *Clavier Übung IV* prête à conséquence. Cette œuvre parachève-t-elle le vaste cycle de sa musique pour clavier ? Ou faut-il la considérer comme la première du nouveau parcours créatif d'un Bach davantage tourné vers la spéculation, le contrepoint, la transmission, la recherche avancée ? On peut estimer que c'est un peu les deux, que cette œuvre marque en effet un tournant. Encore faut-il acter que la page de titre de *Clavier Übung in einer Aria mit ververschiedenen Veroenderungen*.... ne porte pas la mention IV et qu'elle est présentée, seule dans ce cas, avec un soin graphique tout particulier. La nécrologie de 1754, écrit par Carl Philip Emanuel Bach et Agricola, liste les *Clavier Übungen* en précisant « première partie », « deuxième », etc, mais ne mentionne ensuite que : « Aria avec 30 variations… ». Gilles Cantagrel de trancher : « Je m'inscris en faux contre l'assertion répétée à satiété que les Variations seraient "la quatrième partie" de la *Clavier Übung*. Si tel était le cas, Bach l'aurait écrit sur la page de titre, comme il l'a fait pour les autres parties. Pourquoi donc ne l'a-t-il pas écrit ? Voilà une question que l'on ne pose jamais. Non, il s'agit tout simplement d'une nouvelle *Clavier Übung*. Et d'ailleurs, si l'on parle ainsi des recueils publiés pour le clavier, clavecin ou orgue, il y aurait une cinquième partie avec les *Variations canoniques*, puis une sixième avec *l'Art de la fugue*, sans parler d'autres projets d'édition vraisemblables, comme les chorals de l'*Autographe de Leipzig*. Qu'attend-on pour les baptiser[1] ? »

De même, l'histoire racontée par Forkel sur l'origine de cette *Aria avec 30 variations*, le plus souvent comprise comme fable, pour le moins « hautement suspecte » selon A. Basso[2]. G. Cantagrel encore : « Forkel n'a jamais dit que Keyserlingk avait commandé les Variations à Bach. Son témoignage est précis, et on a pris l'habitude de le déformer. Forkel écrit : "Le comte dit un jour à Bach qu'il aurait aimé *avoir pour Goldberg quelques morceaux de clavecin*. Ces morceaux devaient être d'un caractère calme et plutôt joyeux, afin qu'ils le puissent récréer pendant ses nuits sans repos." C'est clair. Cela veut dire qu'il demandait à Bach de lui envoyer de la musique pour apaiser ses souffrances d'insomniaque, et non pas qu'il lui commandait trente variations. Bach avait beaucoup écrit pour le clavecin, et n'était en aucune façon obligé de composer quelque chose de neuf. Ses œuvres n'étant que fort peu publiées, il pouvait lui donner une copie des *Suites anglaises*, par exemple, ou de toute autre œuvre. »

---

[1] Gilles Cantagrel, correspondance avec l'auteur.

[2] Alberto Basso, *Jean-Sébastien Bach*, traduit de l'italien par Hélène Pasquier, 2 tomes, Fayard, 1985 – T. II p. 762.

Au demeurant, il reste que Bach et Kayserlingk[1] étaient très liés et que le premier avait plus d'un motif d'être agréable au second. Christoph Wolff – partisan de l'option « IV » - pense que les deux hommes se sont rencontrés à Dresde en novembre 1741 et qu'il est hautement probable qu'à cette occasion Bach donna au comte un exemplaire de la nouvelle œuvre *hot from the press*[2] (tout juste imprimée). Quant à jouer la nuit, les enfants de Bach ont témoigné que leur père les faisait jouer le soir, chacun tour à tour et qu'une fois, même, le père s'est levé de son lit pour terminer une cadence que l'un des fils avait laissée en plan. En ces temps d'avant la télévision, d'avant l'électricité, et surtout dans cette famille, musiquer, c'était l'ordinaire.

Relisons encore une fois le récit de Forkel, à qui l'on doit tant. Il rapporte, comme on l'a dit, ces mots du comte von Kaiserling : « Cher Goldberg, jouez-moi donc, je vous prie, une de mes variations. » Visiblement le comte estimait que les variations en question pouvaient être jouées isolément et pas obligatoirement en leur entier, du début à la fin. Chaque détenteur de la partition en fait naturellement l'usage qui lui plait. Cela dit, la question à se poser est de savoir si, quand on joue pour un public, autrement dit quand on est censé donner à celui-ci une œuvre de Bach, il convient de la lui donner comme elle est. Il y a une manière de considérer ces variations comme étant chacune indépendante qui abonde dans le sens d'un album de pièces diverses où chacun pioche à son gré. Pente malheureuse qui a conduit un Busoni à justifier ainsi sa propre édition des *Variations Goldberg* : « Afin de maintenir cette œuvre importante aux programmes des Concerts (et pour que les milliers qui ne sauraient la jouer

---

[1] L'orthographe varie selon les sources.

[2] Christoph Wolff, *Bach – Essays on his life and music*, chap. 15, Harvard University Press, 1991- p. 213.

eux-mêmes puissent au moins l'entendre), il nous paraît indiqué, plus que pour les autres compositions pour piano de Bach, soit d'abréger, soit de transcrire, afin de la rendre plus accessible tant à l'auditoire qu'à l'exécutant. [...] Puis, il nous semblerait pratique de supprimer au concert certaines variations. Le sentiment de la 3ème variation par exemple (et qui exige une grande maîtrise d'exécution) est déjà suffisamment exprimé dans la 2ème variation, de sorte qu'on pourra aisément passer sous silence la 3ème variation[1]. » Le reste, à l'avenant. L'exécutant se fait exécuteur et sa « Disposition pour le concert » ne compte plus que vingt variations ; sans compter les interventions dans le texte même.

On oublierait volontiers ce genre de pratique si ce n'était l'exemple « remarquable » à citer pour montrer que dès qu'on touche à la forme et à la matière de l'œuvre, « c'est Bach qu'on assassine ». Et si c'est par souci pédagogique, par travail préparatoire, par étude de détail ou simplement pour le plaisir, que l'on joue telle(s)ou telle(s) variation(s) il faut toujours se rappeler que toute variation a une place singulière, mais à l'intérieur d'une série, et que « dans la musique de Bach, la plus hautement organisée au plan de la forme[2]», on ne peut dissocier le tout et la partie ; il faut considérer ensemble le tout et la partie. De la même manière, comme l'a souligné C. Wolff, en dehors de la formule *Clavier Büchlein* , simple manière de collectionner des pièces intéressantes dans un ordre aléatoire, toute œuvre de Bach à composants multiples est structurée selon un plan, et cela « beaucoup plus que chez

---

[1] Johann Sebastian Bach, *Œuvres pour piano - Edition Busoni – Volume XV, Aria avec 30 variations (Variations Goldberg)*, Traduction française de Gaston Knosp, Editions Breitkopf et Härtel.

[2] Ralph Kirkpatrick dans *J. S. Bach, The « Goldberg » Variations – Piano or Harpsichord,* Préface et édition musicale, Schirmer's Library of Musical Classics, 1934, 1939.

n'importe quel musicien de son temps ou du passé[1] ». De la même manière, on ne peut dissocier les deux faces toujours présentes chez Bach, qui obligent à tenir ensemble la vision ludique et la vision analytique de l'œuvre, parce que, dit Ralph Kirpatrick, « l'une des plus importantes et en fait des moins reconnues caractéristiques de la musique de Bach est la fusion de la forme et de l'expression jusqu'à ce qu'elles s'identifient presque complètement[2]. »

Justement, c'est à propos de la forme des *Variations Goldberg* que demeurent les interrogations les plus importantes. Peter Williams relève les points à élucider [3]:

- Pourquoi les premières variations (Var. 2, Var. 3) sont-elles deux pièces d'allure comparable, plutôt brillante ? Williams remarque : « A ce moment [Var. 4] les variations ne sont pas encore clairement installées dans leur système de triades ».
- La Var. 15 intrigue : Williams évoque « l'effacement inhabituel de la Var. 15 ». Et aussi : « La mention *andante* n'est pas sans faire problème. » Et encore : « D'un point de vue formel il y a quelque chose de mystérieux et de peu concluant dans la manière qu'a cette variation de s'achever : une quinte très ouverte (…). Si dans un concert d'aujourd'hui, on fait ici une pause, on masque la conception générale de l'œuvre dans laquelle la Var. 16 relance immédiatement, et aussi dramatiquement que possible, la séquence continue. »
- Les Var. 28-29, P. Williams les voit « conçues comme une paire » et parle de « l'irrégularité de la séquence danse-arabesque-canon au début et à la fin [des

---

[1] Christoph Wolff, *op. cit.*, chap. 27

[2] Ralph Kirkpatrick, *op. cit.*

[3] Toutes les citations de Peter Williams renvoient à son *music handbook* : Peter Williams, *Bach : The Goldberg Variations*, Cambridge University Press, 2001. – Traduction française de l'auteur.

Goldberg]» qu'il attribue au souci du compositeur de briser le modèle abstrait, et y voit « une part de fantaisie ». Avant lui, Donald Tovey, après avoir évoqué la Var. 28, ajoutait : « Une variation, ce n'est pas assez pour arriver véritablement à une apogée triomphante, alors Bach poursuit avec une 29ème variation où il développe encore davantage l'éclat instrumental[1]. »

- Chemin faisant, Williams s'interroge : « Pourquoi faut-il que le style de la Var. 22 ressemble autant à celui de la Var. 18 ? La raison n'est pas claire, (...) ». Alberto Basso voyait dans la Var. 16 « une sorte de centre de gravité pour un épisode interne, qui trouve ses extrêmes (parfaitements équidistants) dans les numéros 10 et 22[2] ».

Peter Williams fait souvent des remarques éclairantes mais demeure parfois un peu perplexe ; et il le dit. Sa perplexité nous oblige à chercher aussi. Je note, pour l'évoquer plus loin, ce jugement global : « Les (...) *Goldberg* ne font aucune tentative pour ordonner ou mettre en forme une séquence de mouvements qui ressemble à une suite » Par ailleurs, (« avec Breig, *Goldberg Variationen* », précise-t-il) il fait l'hypothèse d'une première conception de l'oeuvre avec 24 variations seulement . « Mais il faut alors deviner quelles variations ont été ajoutées et conjecturer la raison de cet ajout. »

Enfin, ici et là, on ne manque pas d'être intrigué : pourquoi, s'il est vrai qu'avec Bach il faut toujours regarder les chiffres, ne détecte-on pas dans les *Variations Goldberg*, le nombre 14, nombre dont on sait que, à partir de l'équivalence convenue entre les notes et les lettres, il

---

[1] Donald Francis Tovey, *Aria with thirty variations (The « Goldberg » Variations)* (1900), dans *Chamber Music – Selections from Essays in Musical Analysis*, Dover Publications, inc., 2015 – Oxford University Press, 1989. – Traduction française de l'auteur.

[2] Alberto Basso, *op. cit.* , p. 763.

signifie B.A.C.H., et qui est donc la signature du compositeur. Comme le bon artisan signant un travail qu'il reconnaît pour sien et plus encore le compagnon signant son chef-d'œuvre, Jean-Sébastien Bach a signé ainsi, dans la matière musicale elle-même, ses autres dernières grandes œuvres : l'*Offrande musicale*, les *Variations canoniques*, et *L'Art de la fugue*. Sur l'un des portraits qui ont été faits de lui, on pourrait compter 14 boutons à son vêtement…

CHAPITRE V

Un autre regard sur les *Variations Goldberg*

Non seulement Bach est avare d'explications et de commentaires mais face à notre perplexité il peut lancer des défis : « Cherchez et vous trouverez » dit-il au Roi de Prusse dans *l'Offrande musicale.* Ayant dit ma propre perplexité j'ai donc cherché aussi.

Par exemple : pourquoi la Var . 7 qu'on s'attendrait à trouver en dernière position d'une triade (puisque *al tempo di giga*) est-elle placée en première position ? Ou bien : pourquoi ce sentiment que le canon ne boucle pas clairement la triade (la « petite suite » comme a dit, je crois, Davitt Moroney) ou que le début de la suivante n'a pas l'allure d'une pièce d'attaque ? Et voilà ce qui a changé lorsque « mon regard a accommodé autrement ».

*

S'il y a une constante absolue dans toute la littérature consacrée aux *Variations Goldberg*, c'est celle-ci : les variations s'y succèdent par groupes de trois et dans ces groupes (triades) les canons occupent la troisième position. Ce que j'ai tenté, c'est de voir « ce que ça donne » quand on considère ces fameux canons non plus en troisième position, mais en deuxième, autrement dit en position centrale par rapport à la variation précédente et à la variation suivante.

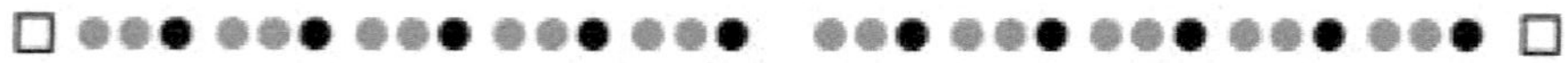

ARIA+1-2-**3** | 4 5 **6** | 7-8-**9** | 10 -11-**12** | 13-14-**15** | | 16-17-**18** | 19-20 **21** | 22-23-**24** | 25-26-**27** | 28-29-*30*

Fig. 3 - *Les variations en 10 groupes x 3 (canons en troisième position)*

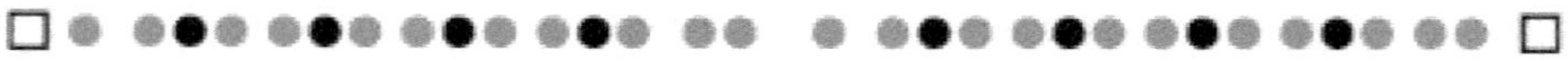

ARIA +1 | 2-**3**-4 | 5-**6**-7 | 8-**9**-10 | 11-**12**-13 | 14-15- /16 | 17-**18**-19 | 20-**21**-22 | 23-**24**-25 | 26-**27**-28 | 29-*30* + ARIA

Fig. 5 – *Canons en position centrale dans des triades*

Suite I	*Suite* II	*Suite* III	*Suite* I V
2-**3**-4 | 5-**6**-7	8-**9**-10 | 11-**12**-13	17-**18** -19 | 20-**21**-22	23-**24**-25 | 26-**27**-28

Fig. 6 – *La Suite de suites*

Au départ, on a donc la figure convenue (cf. Fig. 3, page ci-contre). A la manière d'un clavier transpositeur, décalons d'un cran tous les canons (en gras) pour les faire correspondre non plus à la troisième place dans une triade mais à la deuxième (sachant que les canons gardent leur numérotation : 3, 6, 9,...) ; ce qui donne la Fig. 5 (page ci-contre). Celle-ci montre ce qui résulte alors de la « transposition ». On remarque qu'il n'y a plus que 9 triades complètes (au lieu de 10) dont une se trouve fractionnée : la triade 14-15-16 comprend en effet la seule grande césure qui s'impose (entre Var. 15 et Var. 16) puisque la Var. 16 est une *Ouverture*. Et puis, surtout, les *Variations* 1, 29 et 30 se retrouvent en dehors du schéma. On ne peut penser que Bach ait pu laisser cette distorsion. Il faut donc poursuivre.

Cette difficulté étant mise provisoirement entre parenthèses, on ne prend en considération que les 8 triades complètes et continues de variations (Fig. 6). Immédiatement, on y voit ainsi des *Suites*, 2 triades donnant 6 morceaux, ce qu'on sait être fréquemment chez Bach le nombre des composants d'une *suite*. Ainsi commence d'apparaître ce qui conduit à considérer les *Variations Goldberg* comme une grande *Suite de suites* innovante en ceci que, pour partie, ses *suites* comprennent, selon une série originale, des canons.

Il convient de corriger maintenant ce qui pourrait passer pour une carence. Car la *Suite de suites* ne serait encore qu'un bout-à-bout amélioré, un assemblage de *Suites* diverses, certes originales mais simplement rassemblées en recueil. Or, ici, l'œuvre est unique, forme un ensemble. Ce qui est donc ajouté, ce sont les éléments qui structurent de manière très composée la *Suite de suites*. Sachant que la Var. 16 ouvre une seconde partie. on peut estimer que la Var. 29 la conclut (alors que la Var. 28

Première partie		*Suite* I	*Suite* **II**	
	[ouverture] 1	2-**3**-4 | 5-**6**-7	8-**9**-10 | 11-**12**-13	14 [conclusion]
Seconde partie		*Suite* **III**	*Suite* **IV**	
	Ouverture 16	17-**18**-19 | 20-**21**-22	23-**24**-25 | 26-**27**-28	29 [finale]

Fig. 7 – *Les deux parties*

achève la dernière *suite*). Et puisqu'il y a une deuxième partie, c'est qu'il y en a bien une première dont on peut supposer qu'elle aussi comporte une ouverture et une conclusion. C'est ce à quoi servent les Var. 1 et 14. D'où la figure 7, page précédente.

Les *Variations Goldberg* étant une œuvre en boucle, il est possible de la représenter comme un cercle. La Fig. 8, page suivante, présente les deux parties comme un cercle aplati, à la fois en continuité et en miroir, dans le sens tournant de gauche à droite, pour la première partie, puis de droite à gauche, pour la seconde partie, faisant apparaître dans une position très singulière les variations jusque-là exclues : la Var. 15 n'est pas la fin de la première partie, et la Var. 30 n'est pas la fin de la seconde partie, ces fins existant déjà avec les Var. 14 et 29.

Il devient aussi possible de reporter sur ce schéma les informations complémentaires dont on dispose et qui éclairent la forme de l'œuvre. Pour la commodité de présentation et de lecture, la Fig. 9 (pages suivantes) est présentée dans une orientation différente. On y voit en synthèse l'essentiel de ce qui qualifie l'œuvre à ce stade de la réflexion : disposition et désignation des mouvements, précisions apportées par le compositeur lui-même et, naturellement, l'organisation générale en triades et suites et, mieux encore, peut-être, en concert.

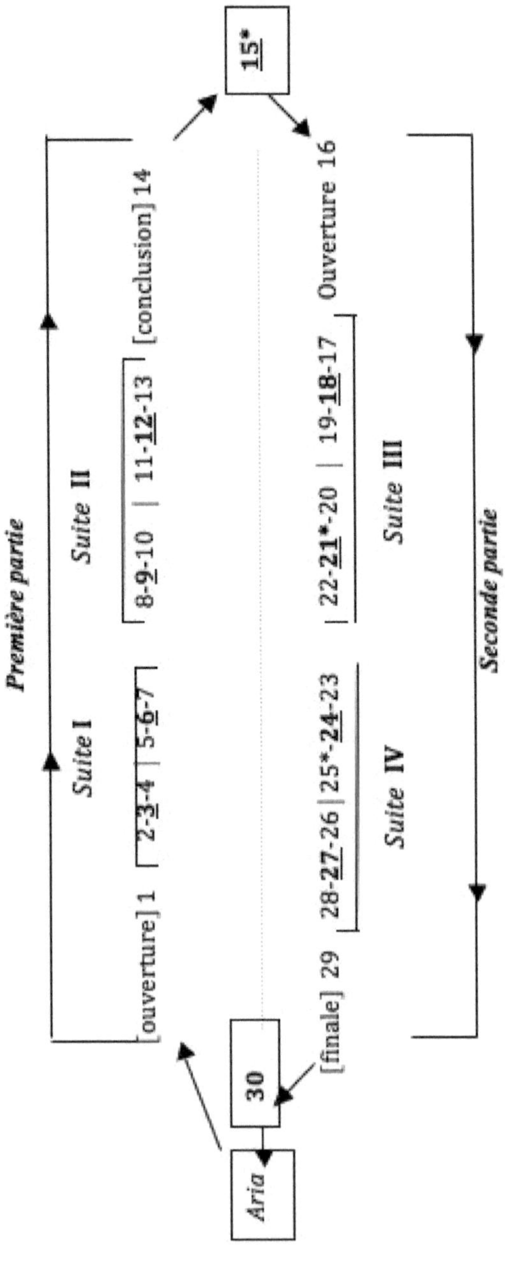

Fig. 8 – *Schéma global*

ARIA

30 - QUODLIBET

	Partie I	Partie II	
	Invention à 2 voix / Toccata = **Ouverture** – 1	29 – **Finale** de la partie **II**	
	Invention à 3 voix – 2	28 – Toccata	
	Pastorale / Sicilienne / *Canon à l'unisson* – **3**	**27** – *Canon à la neuvième*	***Suite IV***
	Invention à 4 voix sur t° de Passepied – 4	26 - ~Chaconne	
Suite I	Courante – 5	25* - Aria à l'italienne, **ADAGIO**, t° de Sarabande	
	Canon à la seconde – **6**	**24** – *Canon à l'octave* sur t° de Gigue	
	Gigue à la française – 7	23 – Toccata	
	Toccata – 8	22 – Alla breve	
	Canon à la tierce – **9**	**21*** - *Canon à la septième*	
Suite II	Fughetta – 10	20 – Toccata sur t° de Courante	***Suite III***
	Invention à 2 voix, toccata – 11	19 – Trio en Passepied	
	Canon à la quarte – **12**	**18** – *Canon à la sixte* sur t° de gavotte	
	Air orné à l'italienne sur t° de Sarabande – 13	17 – Toccata sur t° de Courante	
	Toccata = **Conclusion** de la partie **I** - 14	16 – OUVERTURE à la française avec fugue	

15*
Canon à la quinte = ANDANTE

Fig. 9 – *Schéma de synthèse*

CHAPITRE VI

Ce que la musique dit d'elle-même

Nous le savons, au moment de la conception des *Goldberg*, Bach prend du champ par rapport à sa situation de directeur de la musique de Leipzig. Pour l'essentiel, sa vie créative va être centrée désormais sur quelques œuvres ayant deux caractéristiques en partage : elles sont monothématiques ; elles sont centrées sur l'art du contrepoint. Mais Bach inaugure son arrivée en haute mer spéculative – dans ces années qui verront la naissance des *Variations canoniques*, de *l'Offrande musicale* et de *l'Art de la fugue* – avec cette œuvre-ci, extrêmement ludique, alors que les autres (les deux dernières citées au moins) ne le sont pas vraiment (on a pu s'interroger sur la question de savoir si *l'Art de la fugue* est fait pour être joué). C'est ainsi que Bach a voulu les *Variations Goldberg,* c'est ainsi qu'il les a faites, c'est ainsi qu'il a tenu à les transmettre. Il a réussi et il faut donc qu'il y ait au cœur des *Variations Goldberg* un principe d'ordre, de cohérence, de séduction, et par conséquent nécessité pour chaque composant d'y figurer, et d'y figurer à une place assignée. Autrement dit, il faut bien qu'il y ait une forme. Et si on la trouve, pourquoi cette forme-là ?

A supposer que la synthèse de la Fig. 9 soit recevable, se pourrait-il qu'elle soit le résultat d'un coup de chance, d'un heureux hasard ? L'imagination aussi a ses ruses et nul n'est à l'abri de s'abuser en prenant pour juste analyse une idée qui ne serait que justification d'un préjugé. Il convient donc de reprendre point par point les données réunies et de les valider sûrement. En la circonstance, il importe avant tout de rester au plus près de la musique et de ne rien avancer qui n'y soit directement observable.

La notion de forme est difficile à cerner ; ses frontières avec le genre ou la structure sont imprécises, poreuses. Mais on ne peut en faire l'économie. « La structure est l'agencement de diverses parties en vue de constituer un tout, tandis que la forme est précisément ce tout en tant que tel, considéré en son unité. [...] L'idée de forme est liée à la nécessité profonde de l'œuvre, à son essence, plus qu'à sa structure. [...] La forme, c'est la manière dont une œuvre s'efforce d'atteindre l'unité. Plus est grande la diversité que cette manière met en jeu, plus la forme est riche ; plus les différents éléments introduits se coordonnent en un tout homogène, plus la forme est parfaite[1]. » Ces lignes d'André Hodeir ont été longtemps, et pour beaucoup, une boussole bien utile. Henri Focillon termine son livre sur le sujet par cette phrase : « Dans ces mondes imaginaires, dont l'artiste est le géomètre et le mécanicien, le physicien et le chimiste, le psychologue et l'historien, la forme, par le jeu des métamorphoses, va perpétuellement de sa nécessité à sa liberté[2]. » Le procédé de l'argument d'autorité est rhétorique, j'en conviens. Mais quand d'autres apportent une réponse claire à une question difficile, je ne vois pas pourquoi on ne le les « convoquerait » pas, comme on dit. D'autant qu'on a le sentiment que ceux-là ont écrit en pensant aux *Variations Goldberg*.

---

[1] André Hodeir, *Les Formes de la musique*, Que sais-je ?, PUF, 1951. – Depuis, a paru le livre de Claude Abromont, Eugène de Montalembert, cité plus loin.

[2] Henri Focillon, *Vie des formes*, PUF, Quadrige, Paris, 1943, 1990.

Dans le titre des *Goldberg* Bach parle de *Veraenderungen* et Gilles Cantagrel – compagnon de route obligé quand on pense à Bach - le relève, pour préciser : « Beaucoup plus que variation, le mot signifie transformation, altération, devenir autre[1]. » On parle donc bien de métamorphoses. Les *Variations Goldberg* donnent corps à l'idée de métamorphose. On peut tirer n'importe quel fil de cette texture, on arrive toujours à une métamorphose. A commencer par le fil des variations même. Car ces variations sont déconcertantes puisqu'elles ne sont pas du genre familier thème et variations sur mélodie mais sur basse, et donc basse obstinée, peut-on penser. Alors, les *Goldberg* pourraient bien passer pour une chaconne ou une passacaille ; mais de la première elles n'ont pas l'allure de danse à trois temps ; de la seconde elles n'ont pas l'entrée solo de la basse, ni sa fixité. Dans ces cas, les variations sont continues, dans les *Goldberg*, elles sont distinctes. Au demeurant, Bach a déjà dédié au violon la *Chaconne de la 2° partita en ré mineur* et à l'orgue la *Passacaille et fugue en do mineur ;* manifestement, pour célébrer chacun des trois grands instruments qu'il a lui-même joués, il a choisi une forme dans la grande famille des variations, mais ce ne peut être la même, car chaque fois la forme doit être en correspondance avec la nature de l'instrument. D'ailleurs, Bach parvient à différencier nettement les deux formes pourtant réputées proches, au point que ce sont ses œuvres qui désormais vont servir d'exemples pour montrer qu'elles ne se confondent pas. La forme des *Goldberg* – œuvre dédiée au clavecin - est, doit-on supposer, elle aussi particulière ; ce qui veut dire que si le compositeur construit toujours sur un terrain existant, c'est pour faire

---

[1] Gilles Cantagrel, *Le Moulin et la rivière, op. cit.* , p. 481.

autre chose (André Malraux : « L'histoire de l'art est celle des formes inventées contre les formes héritées[1] »). Voilà donc des mouvements qui sont presque-encore et déjà-plus des variations. Bach les appelle variations parce que, à la différence des musiciens de l'Europe du sud, et en bon Allemand, il désigne sobrement ses créations, quand il les désigne lui-même.

D'où une certaine ambiguïté souvent, mais spécialement ici. Au point qu'en abordant cette œuvre on a l'impression d'avoir à monter un casse-tête sans en posséder la notice. « *It's a Rubik's Cube of invention and architecture* », dit un producteur de radio[2]. » N'appelle-t-on pas 3x3x3 cet objet fascinant et irritant ? J'évoque des *suites*, une *suite de suites* ; mais le modèle est mis à mal et le compositeur prend de plus en plus de liberté à son égard. Après tout, ne pourrait-on voir les *Variations Goldberg* comme un *ordre* à la Couperin ou à la Rameau ? Serait-il aberrant de parler de sonate à l'italienne ? La difficulté est que si l'œuvre plaît, la comprendre est une gageure. Elle ressemble à ces pseudo-hologrammes où l'on voit une image, puis une autre pour peu qu'on change l'angle de vision. Mais ici il n'y a pas que deux images, mais toute une combinatoire.

Descartes a montré la voie : douter pour refonder ; *dubito* puis *cogito*. Douter du consensus sur les canons « en troisième position » conduit à quelque chose ou à rien. Premier constat : la conviction universelle à ce propos se comprend ; tout un chacun lit tout simplement ce que montre la partition. Car c'est bien le compositeur

---

[1] André Malraux, *Les Voix du silence*, La galerie de la Pléiade, 1951.

[2] Tom Huizenga, producteur du réseau de radios NPR, aux Etats-Unis. Site **npr.org/sections/deceptivecadence.** Le Rubik's Cube a été inventé par le hongrois Rubik Ernö en 1974.

qui, à la fois, a numéroté les variations et inscrit la mention *canone alla...* et il ne faut pas être grand clerc pour observer que les variations canoniques « tombent » toujours sur 3 puis un multiple de 3. Mais il faut regarder l'effet de superposition. Il y a ici une confusion de deux logiques qui facilite la méprise. La première logique est que, dans le genre « Thème et variations », la constante malgré tout « est que le thème, comme chacune de ses variations, constitue autant de petites formes closes et complètes – souvent de caractères contrastants – enchaînées après de brefs silences[1] ». De ce fait les variations sont habituellement numérotées (Beethoven numérote encore ses *Diabelli*), ce qui ne se fait pas dans les genres proches de la passacaille ou de la chaconne où les variations sont soudées les unes aux autres. La seconde logique est celle des canons à intervalles croissants introduite par Bach. Les deux logiques se croisent ; est-ce un hasard ou un fait-exprès ?

C'est le moment de se rappeler cette hypothèse - de Breig[2], selon Williams – que « l'œuvre était à l'origine conçue avec 24 variations seulement ». Si c'est le cas, cela donne à penser que l'idée première était bien celle d'une œuvre faite de quatre suites (4 x 6 variations), sans le cadre « de concert » ajouté ultérieurement, et qu'alors la numérotation était différente. En l'absence de ce que j'appelle « Ouverture » (première Ouverture, actuelle Var. 1), la première suite commençait avec l'actuelle Var. 2, laquelle s'appelait alors Var. 1, et le premier canon

---

[1] Claude Abromont, Eugène de Montalembert, *Guide des formes de la musique occidentale*, Fayard – Lemoine, 2010.

[2] Selon la bibliographie de Peter Williams, *op. cit.* : Breig, Harold, « Bachs Goldberg-Variationen als zyklisches Werk », *Archiv für Musikwissenschaft* 32 (1975), pp. 243-65.

s'appelait Var. 2. Ce canon était donc bien à ce moment en position centrale d'une triade, entre Var. 1 et Var. 3. Modifiant son projet, ou plutôt le complétant et le structurant, Bach a évidemment modifié la numérotation des variations… et nous a mis dans l'embarras. Pour autant, les canons n'ont pas bougé, et il n'est pas illégitime de les voir au milieu des triades. De toute manière, n'attendons pas de Bach qu'il nous donne des précisions ; il n'en donne jamais, mises à part celles qu'il a jugées indispensables à l'exécution de ses œuvres telles que publiées.

Certes, l'étape des 24 variations reste une hypothèse. Mais il y a autre chose à considérer. A regarder les canons dans cette position médiane que l'on dit, on voit, on entend, on comprend, qu'ils « fonctionnent » autrement, ou, plus exactement, ce sont toutes les variations qui modifient leurs relations mutuelles et s'enchaînent maintenant très souplement, logiquement, heureusement. Les commentaires sur les *Variations Goldberg* – chez les érudits et les interprètes - sont pleins d'allusions à la forme en arc, en arche, à différents niveaux de l'œuvre ; il est vrai que l'image se présente comme d'elle-même à l'esprit, d'une œuvre en forme de pont à arc de très grande portée, d'une œuvre à si longue portée qu'il lui faut des appuis et des relais solides. Mais l'image peut aussi mettre sur une fausse piste quand on associe directement canon et pilier. L'important ici, ce ne sont pas les « piles » (que les canons en position 3 sont censés constituer) mais bien les arcs, ou les voûtes, ou les arches, comme on voudra, c'est-à-dire les groupes de trois variations dans lesquels les canons occupent nécessairement la place décisive. Difficile d'imaginer qu'en introduisant les canons avec tant de force dans ses variations en suites ou suites en variations, Bach puisse accepter de les reléguer à la marge. Si c'est bien ce procédé canonique qui apporte un principe d'ordre novateur, qui donne à la fois son équilibre et sa beauté à chaque groupe, et sa force et sa structure à l'ensemble des groupes dans sa dimension audacieuse, alors c'est au cœur de chaque triade qu'il faut chercher les canons, dans l'arc qu'elle forme avec ses claveaux et recevant donc dans sa clef centrale, cette pierre taillée d'une certaine manière et qui fait tenir ensemble les composants dans la forme voulue[1].

Cela dit, il n'est peut-être pas inutile de mettre à la question cette vue des variations en *suites* et en *Suite de suites*. Là encore, la partition est muette . A la feuilleter rien ne conduit directement à ce constat. Et pourtant la chose est certaine ; il n'est que de rapprocher la composition des œuvres en forme de suites avec celle des *Goldberg* et l'exercice sert de révélateur ; c'est ce que montrent les tableaux des pages suivantes[2]. On y voit clairement le schéma de base dont Bach se sert, avec ses pièces obligées – Allemande / Courante / Sarabande / Gigue – et leur ordre traditionnel où il introduit parfois une Ouverture (comme dans les *Suites anglaises* et les *Partitas pour clavecin*) et des pièces en option, des *galanteries,* notamment avant la gigue finale. On voit aussi qu'il garde cette trame dans les *Variations Goldberg*, à la différence près, très importante naturellement, qu'il remplace systématiquement les Allemandes par les canons mais tente de garder autant qu'il le peut les autres figures traditionnelles de Courante / Sarabande / Gigue. On peut

---

[1] Curieusement, Tovey ne dit jamais que les canons sont placés en troisième position ; seul à s'exprimer ainsi, il fait régulièrement référence au « plan que Bach avait à l'esprit de faire de la seconde variation après chaque canon un brillant duo », ce qui pourrait être une manière de dire que les canons sont en première position…

[2] Pour le détail des œuvres citées dans cette section on se reportera à l'ouvrage : François-René Tranchefort (sous la dir. de), *Guide de la musique de piano et de clavecin*, Fayard, 1987. - p. 43.

J. S. Bach – *Suites Anglaises* (1715...1720)

Suite n° 1 en la majeur	Suite n°2 en la mineur	Suite n°3 en sol mineur	Suite n°4 en fa majeur	Suite n°5 en mi mineur	Suite n°6 en ré mineur
Prélude 12/8	Prélude 3/4	Prélude 3/8	Prélude 4/4	Prélude 6/8	Prélude 9/8
Allemande 4/4	Allemande 4/4	Allemande 4/4	Allemande 4/4	Allemande 4/4	Allemande 4/4
Courante I - II 3/2	Courante 3/2	Courante 3/2	Courante 3/2	Courante 3/2	Courante 3/2
Sarabande 3/4	Sarabande 3/4	Sarabande 3/4	Sarabande 3/4	Sarabande 3/4	Sarabande 3/2
Bourrées I et II 2/2	*Bourrées I et II* 2/2	*Gavotte I et II* 2/2	*Menuet I et II* 3	*Passepied I et II* 3/8	*Gavottes I et II* 2
Gigue 6/8	Gigue 6/8	Gigue 12/8	Gigue 12/8	Gigue 3/8	Gigue 12/16

J. S. Bach – *Suites Françaises* (1717...1723)

Suite n°1 en ré mineur	Suite n°2 en ut mineur	Suite n°3 en si mineur	Suite n°4 en mi b majeur	Suite n°5 en sol majeur	Suite n°6 en mi majeur
Allemande 4/4	Allemande 4/4	Allemande 4/4	Allemande 4/4	Allemande 4/4	Allemande 4/4
Courante 3/2	Courante 3/4	Courante 6/4	Courante 3/4	Courante 3/4	Courante 3/4
Sarabande 3/4	Sarabande 3/4	Sarabande 3/4	Sarabande 3/4	Sarabande 3/4	Sarabande 3/4
	Air 4/4	*Anglaise* 2	*Gavotte* 2	*Gavotte* 4/4	*Gavotte* 4/4
Menuets I - II 3/4	Menuet I-(II) 3/4	Menuets I – II 3/4	Menuet 3/4	*Bourrée* 4/4	*Polonaise* 3/4
			Air 4/4	*Loure* 6/4	*Bourrée* 2
					Menuet 3/4
Gigue 4/4	Gigue 3/8	Gigue 3/8	Gigue 6/8	Gigue 12/16	Gigue 6/8

TABLEAUX I – II (ci-dessus)– III – IV (ci-dessous) de composition des œuvres pour clavier de Bach.

J. S. Bach – *Partitas pour clavecin* (1726 -1731)

Partita n° 1 en si b majeur		**Partita n°2** en ut mineur		**Partita n°3** en la mineur		**Partita n°4** en ré majeur		**Partita n°5** en sol majeur		**Partita n°6** en mi mineur	
Préludium	4/4	*Sinfonia*	4/4	*Fantasia*	3/8	*Ouverture*	2/2	*Praembulum*	3/4	*Toccata*	2/2
Allemande	4/4	Allemande	2/2	Allemande	4/4	Allemande	4/4	Allemande	4/4	Allemande	4/4
Courante	3/4	Courante	3/2	Courante	3/4	Courante	3/2	Courante	3/8	Courante	3/8
Sarabande	3/4	Sarabande	3/4	Sarabande	3/4	*Aria*	3/4	Sarabande	3/4	*Air*	2/2
Menuets I – II	3/4	*Rondeau*	3/8	*Burlesca* menuet	3/4	Sarabande	3/4	Tempo di minuetto	3/4	Sarabande	3/2
		Capriccio	2/4	*Scherzo*	2/4	*Menuet*	3/4	*Passepied I et II*	3/8	*Tempo di gavotta*	2/2
Gigue	6/4			Gigue	12/8	Gigue	9/16	Gigue	3/8	Gigue	2/2

J. S. Bach – Les *Suites « Goldberg »* (1739 -1741)

	Suite I	**Suite II**		**Suite III**	**Suite IV**	
	V. 1 – Toccata / Ouverture			**V. 16 –Ouverture à la française**		
	V. 2 - Invention à 3	V. 8 - Toccata		V. 17 –Toccata - courante	V. 23 - Toccata	
	V. 3 – *Canon à l'unisson*	V. 9 – *Canon à la 3^ce^*		V. 18 – *Canon à la 6te*	V. 24 – *Canon à l'8^ve^*	
	V. 4 - Invention à 4- T° pass.	V. 10 – Fughetta		V. 19 – Passepied	V. 25 – Aria adagio T°sarab.	
	V. 5 – Courante	V. 11 – Inv. à 2 -Toccata		V. 20 –Toccata - courante	V. 26 – Chaconne T°sarab.	
	V. 6 – *Canon à la 2de*	V. 12 – *Canon à la 4te*		V. 21 – *Canon à la 7ème*	*V. 27 – Canon à la 9ème*	
	V. 7 – Gigue	V. 13 – Air/ T° Sarabande		V. 22 – Alla breve	V. 28 - Toccata	
ARIA		**V. 14** - Toccata	**V. 15** Andante *Canon à la 5te*		**V. 29** – Toccata - Finale	**V. 30** ARIA

Var. libres (de genre ou de carctère)	**Var. brillantes** (« Arabesques »)	**Var. canoniques**
V. 2 – Invention à 3	V. 1 – Toccata / Ouverture	V. 3 – Canon à l'unisson
V. 4 - Invention à 4- T° pass.	V. 5 – Courante	V. 6 – Canon à la 2de
V. 7 – Gigue	V. 8 - Toccata	V. 9 – Canon à la 3ce
V. 10 – Fughetta	V. 11 – Inv. à 2 -Toccata	V. 12 – Canon à la 4te
V. 13 – Air/ T° Sarabande	V. 14 - Toccata	V. 15 - Canon à la 5te Andante
V. 16 – Ouverture à la française	V. 17 –Toccata - courante	V. 18 – Canon à la 6te
V. 19 – Passepied	V. 20 –Toccata – courante	V. 21 – Canon à la 7ème
V. 22 – Alla breve	V. 23 - Toccata	V. 24 – Canon à l'8ve
V. 25 – Aria adagio T°sarab.	V. 28 - Toccata	V. 27 – Canon à la 9ème
V. 26 – Chaconne T°sarab.	V. 29 – Toccata - Finale	V. 30 - *Quodlibet*

TABLEAU V – Les trois grandes catégories de variations dans les *Goldberg*.

S'il y a consensus sur le groupement des variations en triades, il est possible aussi de les répartir en trois catégories. Les variations canoniques sont aisées à distinguer, il y en a 10 (9 à intervalle croissant et 1 en *quodlibet*). Evgeni Koroliov[1] fait remarquer que les variations qui précèdent immédiatement les canons ont « en général » « un caractère virtuose », et, de fait, en s'inspirant notamment de cette remarque on peut relever 10 variations dans cette catégorie que certains appellent « Arabesques ». Il reste ainsi 10 variations que l'on appelle libres, ou de genre, ou de caractère, ou indépendantes. De l'examen de ce tableau V naît l'idée que la première colonne est plutôt d'inspiration française, la seconde, d'inspiration italienne, la troisième, naturellement, d'inspiration allemande. Ainsi voit-on que l'idée souvent exprimée que les *Variations Goldberg* sont une synthèse des goûts musicaux de l'Europe baroque est à prendre au pied de la lettre : il s'agit ici véritablement d'une longue tresse de « goûts réunis ».

[1] Evgeni Koroliov, entretien avec Christian Esch, livret de son enregistrement Hänssler edition *Bachakademie* CD 92.112

voir là l'idée et la volonté, non pas d'exclure ce que fait le génie allemand, mais tout au contraire de montrer comment le canon – pointe de l'art du contrepoint – l'illustre mieux encore.

Plus globalement considéré, Bach se saisit du vieux fond traditionnel mais pour l'infléchir et lui faire produire en quelque sorte une ouverture vers l'avenir. Le dernier tableau est particulièrement éclairant : ces *Variations Goldberg* qui, à l'écoute, ne cessent de nous divertir, de se métamorphoser, sont construites sur un socle simple, presque banal : 10 variations canoniques, 10 variations brillantes, 10 variations libres ou de caractère. Et là encore Bach nous dit deux choses importantes. La première c'est l'inspiration européenne de sa musique, son souci de synthèse des apports des trois grands gisements musicaux du baroque qui trouvent ici leur illustration. Les variations canoniques, c'est l'Allemagne, je l'ai dit ; les variations brillantes, c'est l'Italie, bien sûr (on pense à Scarlatti, le contemporain, et Corelli) ; et les variations libres, c'est la France. Il y a le style de ces nations et il y a aussi leur esprit ; une longue tresse de « goûts réunis ». La seconde nouveauté importante, c'est le rôle des « pièces de concert ».

Une importance qu'on ne peut pas ne pas remarquer, les interprètes ne se retenant pas pour le souligner. Mais ce que dit le Tableau IV, qui confirme en cela la Fig. 9, c'est que, finalement, Bach nous propose une œuvre – que jusque là j'appelle *Suite de suites* – qu'il sertit dans un cadre qui signe une intention plus haute : le concert, tel qu'il est en train de se préparer pour les générations futures. Coïncidence remarquable, les composants de ce cadre sont justement les éléments sur lesquels on s'est souvent interrogé. A ce propos, j'ai cité plus haut les remarques de Peter Williams. On voit maintenant qu'elles sont toutes relatives à ces éléments extérieurs au contour strict de la *Suite de suites* : le début, le milieu, la fin. Bach aime les enchâssements, on le sait ; dans la *Clavier-übung III,* par exemple, on trouve déjà des pièces diverses encadrées par un *prélude* (au début) et une *fugue* (à la fin). Mais ici cela va plus loin ; l'architecture de l'œuvre est très travaillée avec un début significatif, une partie centrale assez complexe car elle doit gérer une fin de première partie, un début de seconde, et une « pause » entre les deux, et une fin d'œuvre étonnante parce que tout à la fois brillante, subtile et touchante.

Evidemment certaines variations jouent un rôle déterminant. Ce sont les Variations 1 et 16 en pièce d'attaque de chacune des deux parties, les Variations 14 et 29 en pièces de conclusion de ces mêmes parties, la Var. 15, véritable mouvement lent entre deux parties vives, et le *Quodlibet* dont on sait maintenant qu'il n'est pas là pour apporter une note d'humour, encore moins de comique, au terme d'un parcours qu'on supposerait devoir être sévère (cf. Busoni), mais qu'il indique à tout le monde que la fête est terminée. « L'une des deux chansons [citée dans le *Quodlibet*] est la fameuse "danse du balai" (*Kehraus*) qui était traditionnellement le signal de la fin d'une réjouissance musicale et dansante[1]. » D'une autre façon, Virgile disait la même chose à la fin de sa *Troisième Bucolique* : « Enfants, fermez les vannes, les prés ont assez bu. »[2] S'il y de l'humour, il est plus fin qu'on ne pensait. Déjà dans le *Capriccio sopra la lontananza del suo fratello dilettissimo* (BWV 992) le cor du postillon annonçait le départ. De la jeunesse à la vieillesse qui arrive, c'est encore d'adieux qu'il est question.

---

[1] Gilles Cantagrel, correspondance avec l'auteur.

[2] Virgile, *Œuvres complètes*, Edition bilingue établie par Jeanne Dion et Philippe Heuzé, Coll. La Pléiade, Gallimard, 2015 – p. 27.

Ainsi, à l'opposé de ce que pensait Peter Williams, tout conduit à envisager une « séquence de mouvements qui ressemble à une suite », et même une très-grande-suite. On peut même se demander pourquoi Bach, dans les *Goldberg*, n'a mis que 4 suites et non pas 6. Il avait composé 6 Sonates pour orgue, 6 Sonates et partitas pour violon, 6 Suites pour violoncelle, 6 Sonates pour violon et clavier et, mieux encore, pour le clavecin, 6 Suites anglaises, 6 Suites françaises, 6 Partitas qui, souvent, ont elles-mêmes 6 mouvements ! Je pense que Bach s'est trouvé avoir écrit son œuvre la plus longue pour clavier ; et s'il tentait visiblement quelque chose qui n'avait pas encore été fait, cela devait rester comme une musique pour « la récréation de l'esprit ». Bach a assez l'expérience du concert public – avec la direction du *Collegium musicum* – et celle du récital personnel à l'orgue et au clavecin, pour être attentif à ne pas risquer de perdre l'auditeur en cours de route. Il a métamorphosé le modèle suffisamment pour n'être plus contraint par ses règles. Il n'est donc pas allé jusqu'à 6 suites mais a opté pour une formule plus « fondue », a passé à travers le modèle, et a réalisé un schéma complètement repensé, à la fois dans une perspective de transmutation du genre, et dans une perspective de *performance*. A cet égard, la Var. 15 est encore intéressante par sa « conclusion suspensive » qui est une manière de dire : « ce n'est pas fini », même avant une pause à la suite de laquelle le concert reprendra avec l'Ouverure[1]. Cette variation n'est pas une variation parmi d'autres ; c'est Bach lui-même qui ajoute après coup : *Andante,* comme pour nous dire : « Regardez bien, ne dirait-on pas un mouvement lent de concerto ? ».

---

[1] Le pianiste Lang Lang, lors d'un concert dans le cadre du festival de Carcassone en 2015, a découvert, après la pause, une salle à moitié vide, le public ayant cru que le concert était fini (la presse locale).

Si le schéma de la Fig. 9 éclaire la plupart des incertitudes signalées, reste l'interrogation concernant les Variations 10 et 22. Dans une vision linéaire de l'œuvre, elles sont « équidistantes de la Var. 16 ». Ce qu'on voit ici, peut-être, est différent : je songe à « la fameuse figure du chiasme, cette symétrie renversée avec point de symétrie central, que Bach utilise si souvent pour structurer [une œuvre].[1] » Et de cette figure on peut voir ici deux exemples : un petit chiasme formé par un axe reliant les Variations 10 et 22, d'une part, et un autre axe reliant les Variations 8 et 20, d'autre part ; un grand chiasme formé par l'axe entre 1 et 16, d'une part ; et l'axe entre 14 et 29, d'autre part.

Le plus frappant dans cette dernière Fig. 9, ce sont les paires, qui établissent des correspondances entre les variations qui se trouvent en vis-à-vis. 14 variations d'un côté et 14 de l'autre (il y a donc du 14 ici aussi !) ; autrement dit 14 paires dont 4 paires de canons. Il y a d'ailleurs des précédents à ce genre de configuration : dans un article publié en 1944 intitulé « Le secret de Virgile et l'Architecture des Bucoliques », Paul Maury a relevé les étonnantes correspondances qu'on trouve dans les églogues du poème virgilien lorsqu'on les considère par paires (I et IX, II et VIII, etc.), ce qui « donne au recueil la structure d'un édifice pyramidal » au sommet et à la base duquel les églogues V et X occupent une position singulière[2].

---

1 Gilles Cantagrel, *Le Moulin et la rivière- op. cit.* – p. 185.

2 Virgile, *op. cit.* p. 1065-1067. C'est Philippe Heuzé, l'auteur de la notice consacrée aux *Bucoliques* dans cette édition qui rappelle la découverte, soulignant que cette structure est « restée dans l'ombre pendant deux mille ans ».

CHAPITRE VII

Des formes d'une grande forme

L'hypothèse des canons en position médiane dans les triades conforte, me semble-t-il, l'idée universellement partagée que ces canons sont bien une composante fondamentale de la structure des *Goldberg*. Il suffit d'imaginer qu'ils n'y soient plus pour que l'édifice soit réduit, au plan formel, à une œuvre ordinaire. Ils en constituent, rigoureusement parlant, la colonne vertébrale.

L'observation des suites ne manque pas d'apporter elle aussi un éclairage assez fort, au point d'ailleurs que tout ce dispositif a une allure d'adieu à la suite. En tout cas, la suite, les *suites*, sont prises dans un processus de métamorphose. En même temps qu'elles sont célébrées et données à voir sous un nouveau jour – par l'immixtion des variations canoniques – elles sont proches de se dissoudre sous la présence de cet occupant. Le contrepoint entre en force, mais habilement. Sans information préalable, l'auditeur des *Goldberg* entend bien ici et là les départs différés de voix canoniques mais, plus encore, il entend ici une danse à l'allure de gigue, et là une cantilène un peu triste. C'est au point qu'il pourrait oublier que Bach est maître en contrepoint ; alors le compositeur, mine de rien, lui remet aux oreilles une *Fughetta* ou un *Alla breve*, histoire d'éviter la méprise.

A la base des *Variations Goldberg* une aimable pièce – l'Aria – supporte un grand édifice d'ingénierie hautement élaborée et d'architecture baroque (on a pu faire le rapprochement avec des façades d'église) ; qui néanmoins se fait entendre, je n'ose pas dire comme une improvisation, mais dans un fort sentiment de spontanéité, de fécondité, de profusion. Quand j'écoute l'œuvre, me revient à l'esprit un propos d'un autre artiste, dans le film de Georges Clouzot : *Le mystère Picasso*. À Clouzot qui ne comprend pas bien ce que lui dit Picasso, celui-ci répond, de manière un peu énigmatique : « Je vois tous les tableaux dans le tableau. » On le voit alors brosser un premier tableau qui, à peine terminé, se transforme en un autre, qui, à son tour, etc. Au bout d'un moment de haute voltige picturale, Picasso signe de son nom, avant de conclure : « Et voilà[1] ! ». Il se passe quelque chose de cet ordre avec les *Goldberg* ; quand Bach compose – fait sienne en tout cas – l'Aria, il doit y voir toutes les variations possibles et probablement au delà même de celles que nous connaissons (voir la mention « etc. » à la fin des 14 canons ajoutés). La preuve, c'est la basse qu'il a trouvée en 8 mesures et qu'il a développée jusqu'à 32. Et de cette basse, composante fondamentale de la forme des *Goldberg*, la métamorphose est continue, se montrant tantôt de face, tantôt de manière oblique, disparaissant même une fois puis revenant, comme le masque d'un carnaval qui n'ose pas dire son nom. Parce qu'elle est « variée », elle apporte à la fois « le bon sol » sur lequel sont construits tous les mouvements, et la variété extrême qui se déploie en eux. « Tour de force » évidemment, qui pourrait faire dire à Bach aussi : « Et voilà ! », en donnant un coup de coude à son fils[2].

---

[1] Henri-Georges Clouzot, *Le Mystère Picasso*, film documentaire de 78 minutes, production Filmsonor, 1955.

[2] Carl Philipp Emanuel Bach raconte : « Ecoutant une fugue complexe et à plusieurs voix, il pouvait déjà dire, après les premières entrées des sujets, quels moyens du contrepoint il était possible d'utiliser et ce que le compositeur devait faire pour respecter les règles ; à l'une de ces occasions, comme j'étais debout près de lui et qu'il me disait ce qu'il

L'analyse révèle les fonds de l'œuvre comme elle révèlerait les racines de l'arbre ou les réseaux souterrains de la ville. Parler de canevas ou d'échine éclaire sans doute l'analyse mais ne rend pas vraiment compte de cette fluidité qui nous impressionne. Cela nous dit au moins que les *Variations Goldberg* ne sont pas composées sur une forme préexistante. En se faisant, elles s'inventent leur propre forme, sont *sui generis*, effectivement. Ce qui fait l'unicité de cette œuvre, son extraordinaire modernité, c'est qu'elle naît du processus qui l'a mise en branle. Autrement dit, Bach met en présence des matériaux et des dispositifs qui vont produire des effets inattendus, pour nous au moins, au delà du prévisible en tout cas. Les matériaux sont connus, et le carcan organisationnel est très contraignant, on l'a dit. Cependant rien ne donne le sentiment de laborieux, de rigide, d'artificiel. On pourrait s'attendre à une musique un peu répétitive (les Italiens ne l'évitent pas toujours), ou un peu inconsistante (les Français ont parfois cette faiblesse), ou un peu épaisse (les Allemands, Bach lui-même, jouent quelquefois au *Herr Doktor*) ; rien de tel. Au contraire, la rivière coule …

Il faut donc se résoudre à estimer que ce que peut apporter l'analyse, si elle est juste, c'est un aperçu sur l'œuvre se faisant, *work in progress*. Comme pour un bâtiment en construction, le maître d'œuvre élabore son édifice à l'aide d'un échafaudage qui a vocation à disparaître une fois l'œuvre faite, et dont il n'est pas tenu de nous faire part. Ou, pour parler crûment, dans son cabinet, le compositeur fait sa tambouille et il n'y a pas à regarder par-dessus son épaule.

Tirons donc un autre fil, peut-être plus proche de notre perception, et susceptible de figurer mieux la fluidité

---

supposait, il me donna un joyeux coup de coude, lorsque ses prévisions se réalisèrent. » dans Gilles Cantagrel, *Bach en son temps, op. cit.* p. 352.

ressentie. Ce fil, c'est la forme en arche, déjà évoquée. En réalité, c'est, elle aussi, une forme qu'on pourrait dire générative. On la trouve dès les deux premières mesures de l'œuvre (comme l'indique le *Guide illustré de la musique*[1]). On la trouve dans la Var. 1 « qui fait songer à une grande arche s'ouvrant sur le reste de l'œuvre », selon Rosalyn Tureck[2]. On la trouve dans chaque variation, si l'on considère comme une arche le trajet harmonique de tonique à dominante puis de dominante à tonique qui s'y effectue. On la trouve au niveau de chaque triade comme indiqué plus haut, et finalement comme un principe architectonique généralisé qui fait l'œuvre se tresser à mesure qu'elle progresse.

*

En considérant tous ces éléments il est difficile de ne pas ressentir que l'ambiguïté perdure. Comme dans une enquête, le mystère s'épaissit en avançant. Nous balançons entre continu et discontinu, entre unité et multiplicité, simplicité et complexité, et pressentons que ce mouvement risque de durer encore longtemps. Et pourtant, elle touche ! pourrait-on dire de l'œuvre, malgré sa complexité. Malgré sa longueur d'abord. Cette longueur est une donnée de base, primaire, sommaire même et qui, logiquement, devrait lasser. Mais Bach espérait bien vendre *l'Aria avec diverses variations,* à la Foire de la Saint-Michel ; il devait espérer qu'on la trouverait bien agréable. A cet égard, il est difficile de savoir l'intention

---

[1] Ulrich Michels, *Guide illustré de la musique*, réalisation graphique de Gunther Vogel, traduit de l'allemand par Denis Collins et Jean Gribenski, Vol. II, Fayard, 1990, p. 346.

[2] Rosalyn Tureck, *op. cit.*

du compositeur mais en tout état de cause il a vu que sur une pareille durée – pas loin d'une heure et demie en la jouant comme elle est écrite, c'est-à-dire avec toutes les reprises – le risque entropique était majeur. C'était là l'enjeu, car si on voit les *Goldberg* comme un pont à grande portée, et qu'on veuille filer l'image, celle du pont en arcs ne suffit plus ; l'architecte doit penser à un pont suspendu. Manière de dire que jusqu'à présent j'ai considéré les *Variations Goldberg* au repos en quelque sorte, dans leur état statique, passif. Dans cet état, il pourrait y avoir aussi bien 64 variations ; c'est d'ailleurs ce que Haendel avait fait. A ce stade on trouve des formes closes, des symétries souvent (de type A+15+15+A ou les paires), de la musique qui s'offre comme objet de contemplation plutôt qu'elle ne contribue à la « récréation de l'esprit des amateurs». Appréhender cette musique dans sa globalité suppose qu'on la considère complètement, c'est-à-dire jusque dans son action, puisque c'est là sa raison d'être et sa finalité, et donc dans sa dynamique.

La dynamique est une composante de la forme, et ce faisant elle inclut aussi bien la cinétique de l'œuvre, son mouvement d'ensemble, que les forces qui génèrent et sculptent cette cinétique. Pourquoi les 32 mouvements sont-ils placés dans cet ordre-là ? Pour des raisons structurelles, certes. Si Bach s'est arrêté à cet ordre là, c'est que dynamiquement aussi, ou surtout, cet ordre est nécessaire, voire prioritaire. Quel est donc le mouvement d'ensemble ? Quel est son profil ? Quels en sont les moteurs ? Ce sont les questions à se poser maintenant, sachant que ce mouvement est alimenté à la fois par le mouvement particulier de chaque variation – en restant attentif au fait que les variations n'ont pas toujours le caractère que leur genre induit – et par les inter-variations, si l'on peut désigner ainsi ce qui se passe entre les variations, autonomes certes, mais en relations mutuelles et solidaires. Avec ce qu'on a vu jusqu'à présent, on pressent déjà qu'il se pourrait que le statique et le dynamique, le structurel et le musical, le composé et le joué/entendu ne coïncident pas toujours exactement.

Il faut bien le reconnaître : mettre à jour la dynamique générale des *Goldberg* n'est pas chose aisée ; ce l'est si peu qu'on en viendrait à se demander si l'entreprise n'est pas vaine. Certes, le mouvement propre à chaque variation se définit relativement bien – à cet égard, avoir pris pour une sicilienne ce que Bach corrige en écrivant *al t° di giga* (la Var. 7) est une erreur qui n'est que ponctuellement fâcheuse. On peut observer aussi que le compositeur s'est soucié des conditions de mise en présence de chaque variation avec ses voisines : par exemple la variation précédant un canon se termine le plus souvent sur un point d'orgue ; ou bien, souvent, les dernières mesures d'une variation contiennent le germe du début de la variation qui suit (exemple : les trois premières notes de la Var . 1 sont données à la toute fin de l'Aria qui la précède)[1]. Egalement, des effets de contraste ou de continuité, de densité et de légèreté, etc. Par contre, les « inter-relations » paraissent contribuer faiblement à l'affirmation d'une dynamique au delà de l'addition des dynamiques particulières des variations. Comme tout un chacun peut l'observer, les dernières variations insistent sur le brio et la virtuosité ; elles semblent aussi vouloir se souder davantage. Faut-il voir ici la séquence culminante, « l'apogée », d'une dynamique depuis longtemps engagée – ce que semblent penser beaucoup de commentateurs –

---

[1] Remarque et exemple donnés par Richard Egarr dans son essai : *Bach and « cantabile » heaven – On a new « Goldberg »,* qui accompagne son enregistrement Harmonia Mundi HMU907425.26.

ou, tout grossièrement, un effet tardif de type : « cheval sentant l'écurie » ?

Peut-être cherchons-nous ce que Bach n'a pas mis. Notre idée de dynamisme de forme est postérieure à Bach. Goethe, né l'année précédant la mort de Bach, a planté des jalons, avec sa morphologie et son étude des métamorphoses. Cent ans après, c'est surtout la théorie de la forme, la phénoménologie, et le développement de l'esthétique dans les arts comme dans la musique et la littérature qui ont apporté le cadre conceptuel ouvrant de nouvelles perspectives. Sur un plan strictement musical, il faut attendre le piano et Beethoven pour que le dynamisme tel que nous l'entendons fasse son entrée dans la grande forme, dans toutes ses configurations notamment la symphonique ; car il faut des tensions, des conflits, des drames, une autre conception du temps musical, pour que s'imposent la notion de forces à l'œuvre, et celle de leur nécessaire gestion , voire celle d'une approche stratégique de leur exploitation, en même temps qu'une conception réellement intégratrice de l'œuvre, même quand elle est à plusieurs parties. En abordant la grande forme, comme beaucoup de musiciens d'Europe, ses contemporains, Bach est confronté à des problèmes de structure, d'unité, d'attractivité, toutes choses liées à la dimension. Il utilise la variation car elle est une corne d'abondance sous l'angle de la métamorphose, puisqu'elle est réputée capable de varier *ad libitum*, mais avec, justement, le risque de dispersion, d'émiettement, d'incohérence que le compositeur identifie parfaitement. Dans cette grande problématique de l'un et du multiple, les moyens de servir l'un ne sont pas ceux de servir l'autre, et quand on serre l'écrou de l'unité, on desserre celui de la diversité, et vice versa.

Il y a chez Jean-Sébastien Bach un côté prométhéen – un qualificatif qu'on serait tenté d'associer plutôt à

Beethoven – jamais évoqué. Mais comment dire autrement cette tentative d'embrasser tout à la fois l'art contrapuntique dont les nouvelles générations se détournent, les « goûts réunis » du baroque finissant, et l'art du clavier-clavecin que le pianoforte va bientôt supplanter, pour faire de tout cela un testament essentiel. Cette grande forme, nouvelle, est une entreprise à risque ; elle peut échouer devant le public des amateurs.

A ce stade, on peut aussi se dire qu'après tout « le vieux Bach » n'a, clairement et sciemment, pas opté en faveur de ce que nous estimons qu'il aurait dû faire. Parce qu'enfin, dirait-on de la *Passacaille en ut mineur* qu'elle est sans « dynamique générale » ? Cette œuvre où il n'y a pas une seule mesure qui ne contribue à alimenter un mouvement saisissant, unique, continu, global, avec des forces qui, dès le départ, s'accumulent de proche en proche pour une éruption finale et dont Norbert Dufourcq a fait le récit haletant dans une page dont je me souviens depuis ma jeunesse[1]. Donc, Bach savait faire et s'il n'a pas fait, c'est qu'il avait ses raisons.

En se détournant de la voie de la variation ornementale ou mélodique, Bach s'engage dans la variation de basse ou sur basse, qui lui a si bien réussi avec la *Passacaille*. Les deux conceptions sont cependant différentes. André Boucourechliev explique cette différence en exploitant un propos de Stockhausen : « L'une, classique, montre un objet sous des lumières différentes (*Lison dormait* de Mozart) ; l'autre, audacieusement, présente *plusieurs*

---

[1] Norbert Dufourcq, *Jean-Sebastien Bach, le maître de l'orgue*, Floury, 1948 – p. 244.

objets sous la même lumière qui les traverse[1]. » De fait, on voit bien qu'avec un thème de basse obsessionnel, les variations de la *Passacaille* sont liées sans solution de continuité, alors que dans les *Goldberg* elles sont juxtaposées. Il n'y a pas non plus la même filiation ; les *Variations Goldberg* sont filles de la suite ; la *Passacaille* est fille de la basse obstinée. Il faut croire qu'il n'y a pas non plus la même intention. Et si Bach utilise tous les moyens de lier… sans liaison ou transition, c'est que l'heure n'est pas à célébrer l'un (comme avec la *Passacaille*) mais qu'il entend maintenant célébrer le multiple. C'est là qu'est l'audace, et c'est là que Bach anticipe. Bach, « notre contemporain ».

---

[1] André Boucourechliev, *Le langage musical*, Fayard, Les Chemins de la musique, 1993, p. 104

CHAPITRE VIII

Programme pour un concert de clavecin

Les *Variations Goldberg* sont une œuvre dont la place, le rôle, le rayonnement sont uniques. Comme un phare dont la lumière rayonne au-dessus de la ville et de la mer, elles éclairent le passé et l'avenir. Quoiqu'on veuille, elles ne sont pas liées par une seule logique ; il n'y a pas qu'un seul collier pour relier ces perles. Et elles ne sont pas fermées, même si leur dynamique ne s'impose pas d'évidence. La fascination qu'exerce l'œuvre en boucle ou cyclique est un obstacle à la voir ouverte. Peter Williams relève avec à-propos qu'on peut l'aborder par deux côtés : le côté de la perception ; le côté de la conception. Selon la première approche « les mouvements progressent à coup de contrastes et de rythmes ; » selon la seconde « le modèle est plus statique, pas facilement détectable[1] ». Dans un cas, Bach s'adresse aux musiciens et aux mélomanes, à ses confrères, ses clients, ses élèves ; aux amateurs. Dans l'autre, il s'adresse aux érudits, aux initiés, aux membres de la Société Mizler. Aux uns les joies et les plaisirs immédiats de la musique ; aux autres l'exploration savante de la recherche de pointe ; mais sans exclusion et sans rien changer de l'œuvre qui est d'un « genre hybride » et « qui n'a pas de précédent » (Williams).

---

[1] Peter Williams, *op. cit.* p. 40.

Il est possible cependant d'avancer encore, selon une vision plus moderne dans laquelle l'œuvre musicale n'est accomplie qu'au terme d'un processus où interviennent trois acteurs : le compositeur, l'interprète, l'auditeur. Et de cela les *Goldberg* se présentent comme un archétype. L'œuvre n'est pas achevée quand le compositeur pose sa plume, car, mieux que d'une œuvre il s'agit ici d'une « activité formatrice ». Avec cette expression je cite encore André Boucourechliev qui lui-même cite André Souris[1]. Avec eux, on peut requalifier ce que nous avons dit de la forme ou des formes des *Variations Goldberg* : « Ce réseau [Souris évoque ici les leitmotiv chez Wagner] n'est justement pas un répertoire, mais un *programme*, cela au sens le plus moderne du terme – génétique si l'on veut ». Et, plus loin [il évoque alors la série dans les *Variations op. 27* de Webern] : « Comme la grille harmonique des *Goldberg* et des *Diabelli*, elle est un programme. Programme au sens moderne, qui régit un système de comportements possibles. Le programme, l'a-t-on assez dit, n'est pas un objet ni un répertoire, mais un langage. Ainsi, tout « objet trouvé », s'il est conforme au programme pourra s'intégrer à l'œuvre. [...] Il s'agit surtout d'inventer une multitude d'objets nouveaux et singuliers que le système intègre [...][2]».

Ainsi, le « programme, au sens moderne » élargit la perspective et dit bien cet aspect combinatoire que j'ai évoqué. Car c'est une combinatoire ouverte et qui tient la porte, si je peux dire, pour l'acteur suivant, l'interprète. De l'un à l'autre, un relais obligé, et ce n'est pas le dernier.

---

[1] André Boucourechliev, *op. cit.* p. 65. - Boucourechliev cite l'article « Forme » d'André Souris dans *l'Encyclopédie de la Musique*, Fasquelle, 1961.

[2] André Boucourechliev, *op. cit.* , pp. 42, 104 et 103.

Bach a beaucoup fait, malgré sa réserve coutumière, pour indiquer la finalité de l'œuvre : les *Variations Goldberg* sont faites pour être jouées, pour être jouées au clavecin, pour être jouées au clavecin en concert.

Qu'elles soient faites pour être jouées au clavecin est formulé dès le titre. C'est déjà un choix que Forkel nous fait comprendre: « Le clavicorde était son instrument favori. Le clavecin, bien que susceptible d'une grande variété d'expression, n'avait point à son gré assez d'âme, et le piano-forte était de son temps dans un état tellement embryonnaire qu'il ne pouvait guère s'en contenter . Cela lui faisait considérer le clavicorde comme le meilleur instrument, soit pour étudier, soit pour faire de la musique dans l'intimité[1]. » C'est donc que les *Variations Goldberg* ne sont pas destinées à faire de la musique dans l'intimité, mais bien en public. Et il n'y a pas lieu de s'en étonner . « A la Cour comme à la Ville , l'époque manifeste un égal besoin de musique, et de musique nouvelle. Une véritable fringale[2]. » Gilles Cantagrel consacre à cette fringale tout un chapitre où l'on apprend que Bach a sans doute organisé et dirigé quelque 600 concerts à Leipzig et que l'arrivée d'un nouveau clavecin au *Collegium musicum* est un évènement dont on parle.

Autour de ces années 1740 Bach va se tourner, on l'a vu, vers de nouveaux horizons de recherche et de création. Il met un peu d'ordre dans ses partitions, pour en sortir, par exemple, les *24 préludes et fugues* – que nous appelons « Clavier bien Tempéré - Livre II » - pour lesquels il n'y a justement pas d'indication d'instrument. Sans doute pense-t-il alors qu'il ne faut pas tarder à

---

[1] Gilles Cantagrel, *Bach en son temps*, *op. cit.*, p. 383.

[2] Gilles Cantagrel, *Le Moulin et la rivière, op. cit.*, p. 324.

achever ces « grandes variations » qu'il destine au clavecin. Qu'il destine aux clavecinistes au terme du parcours qu'il leur a proposé au long de ses œuvres publiées. A chacun des trois instruments qu'il a joués Bach a dédié une série de variations. Il a déjà fait le coup, si l'on peut dire, avec *Passacaille et thème fugué* pour l'orgue, et la Chaconne de la *Partita II* pour le violon. Le clavecin ne peut plus attendre. Déjà les premiers pianoforte sont apparus dans leur première ébauche allemande et Bach a dû voir ses fils leur porter intérêt, comme fait chaque génération avec la nouveauté. Sans doute pressentait-il les ressources offertes désormais par la possibilité de varier l'intensité du son et de nuancer ; sans doute imaginait-il plus difficilement comment, bientôt, le piano allait conduire à l'édification de grandes salles et à l'apparition de l'artiste indépendant, du virtuose. Mais dans son ambition d'édifier pour le clavecin aussi un monument, un « tombeau » indestructible, il avait toujours en tête – je me plais à l'imaginer - les plus beaux salons ou jardins de musique de Leipzig, de Dresde ou d'ailleurs, pour les plus belles soirées musicales où se retrouvaient connaisseurs et amateurs. Ainsi les *Variations Goldberg* sont une célébration du jeu de clavecin. Brillantes très souvent, polyphoniques tout autant, méditatives régulièrement, imaginatives plus que jamais, elles illustrent ce que le musicien de clavier doit pouvoir faire et surtout ce que Bach est capable de créer pour une fête du clavecin. Bach fait ici – si l'on peut se permettre – sa tournée d'adieux. Il prouve une dernière fois quel concertiste il est, et qu'on a reconnu, sans cesser d'être le compositeur qui prend son bien partout pour une transmutation féconde et anticipatrice. Ici le mélomane, l'amateur, le musicien, le savant, le disciple ou l'héritier trouvera son compte.

C'est à mes yeux un truisme : les *Variations Goldberg* sont destinées au concert. Comment pourraient-elles ne l'être pas, tant tout y semble justifié par cette finalité : *Performance first !* Or, on a souvent le sentiment que le travail du compositeur sur la forme – que lui-même s'est bien gardé de commenter - impressionne davantage que ce pour quoi il l'a effectué. Donald Tovey le rappelle : Bach est basique (*Bach, like Homer and most of the ancient classics, is always - in a certain sense – literal*)[1]. C'est pourquoi il faut en revenir aux traits principaux. L'œuvre est destinée au grand clavecin, à deux claviers, avec plusieurs jeux. Les informations portées sur la partition sont précieuses, notamment celles ajoutées, car elles pointent sans doute des incompréhensions que le compositeur a pu observer et voulu corriger. Outre des précisions concernant les ornements, la mention des 9 canons, mais aussi *Andante*, *Ouverture*, *Adagio*, *Quodlibet* : impossible de ne pas y lire la volonté de Bach de donner au moins quelques indices pour que l'interprète ne passe pas à côté de ses intentions majeures. Ainsi, A*ndante* confirme la place centrale et le rôle pivot de cette Var.15, véritable mouvement lent entre deux grandes parties vives. *Ouverture* est évidemment une clef essentielle. *Adagio* insiste probablement sur « plus lent que *andante* », car on pourrait être tenté, à ce moment, d'aller plus vite. Enfin, *Quodlibet* indique très clairement que le concert est fini à la manière dont, dans le *Capriccio* mentionné, le cor du postillon annonce le départ. Défense et illustration du grand clavecin : les *Variations Goldberg* sont pensées pour en montrer les ressources pour le phrasé, les couleurs, les nuances, le son, la polyphonie,

---

[1] [Bach, comme Homère et la plupart des classiques anciens, est toujours en un certain sens basique] - Donald Francis Tovey, *op. cit.* , p. 65. Traduction de l'auteur.

l'esprit du temps. La nature des composants, leurs caractères, le style, tout est polarisé sur cet objectif. Un récital de Jean-Sébastien Bach ou le dernier grand concert du soliste baroque, voilà ce qui est en haut de l'affiche de *l'Aria avec quelques variations*.

Ce dernier propos peut étonner voire choquer car, c'est vrai, le concert au sens moderne du mot n'est pas né alors. Mais dans l'histoire qui y conduit il y a bien trace de ce Jean-Sébastien Bach, récitaliste au « concert spirituel » ou à d'autres « séances musicales ». Si Albert Schweitzer pousse peut-être le bouchon un peu loin quand il parle des « tournées artistiques » que fait Bach « chaque année, vers l'automne[1] », on peut raisonnablement penser que les fils Bach ont donné des exécutions publiques des *Goldberg*, en attendant Liszt, acteur décisif du concert moderne, qui reprend le flambeau au cours de ses tournées de la période 1838-1848. Dès 1810 d'ailleurs un concert est signalé à Londres « au programme duquel figuraient les *Variations Goldberg*, jouées à deux pianos[2] ». La faible présence, apparente ou probable, des *Goldberg* dans les auditions publiques de la seconde moitié du XVIIIème siècle est due sans doute à la nouvelle mode mais non à la nature intrinsèque de l'œuvre.

*

Puisque de concert il est question, l'interrogation qui suit pourrait bien être (à la façon de Glenn Gould : « Ainsi, vous voulez écrire une fugue ? ») : « Ainsi vous voulez donner un concert ? ». Autrement dit : quel est le programme ? Naturellement, c'est un autre type de programme dont on parle maintenant ; il s'agit de ce qui

---

[1] Albert Schweitzer, *J.S. Bach, le musicien-poète*, Breitkopf et Härtel, Leipzig, 1905, p. 137.

[2] Gilles Cantagrel, *Bach en son temps*, *op. cit.* , p. 503, note 52.

va être joué, du contenu du concert. Ce n'est pas une improvisation, mais tout au contraire une musique hautement élaborée, qui doit plaire néanmoins, au point d'en faire oublier les arcanes, si on les connaît. Repensant tout à coup à Busoni, je le vois taillant, retouchant ici et là pour faire des *Goldberg* un programme de concert, sans voir qu'elles l'étaient déjà…

Le plus souvent, le musicien-interprète qui prépare un concert, un récital, compose son programme lui-même en choisissant des œuvres diverses d'un même compositeur ou de plusieurs, d'une même époque ou de plusieurs, d'un même genre ou de plusieurs, etc. Il fait des choix sur l'orientation du programme qui ont à tenir compte également du public, de la salle, du contexte, de l'histoire, de sorte que le public comme les critiques puissent juger à la fois l'interprétation de chaque œuvre au programme et le programme en tant que tel. En toute rigueur chaque concert justifierait son programme. On sait que ce n'est pas le cas et, sur une période donnée, le musicien professionnel produit un programme, en y apportant ici et là quelques ajustements. L'originalité, avec les *Variations Goldberg*, c'est que celles-ci sont déjà le programme en même temps qu'elles font le concert. Situation rare : le concert, c'est le programme et le programme, c'est le concert. Le panier d'œuvres est déjà fait, puisque ces œuvres constituent l'œuvre. Bach livre à qui en veut un programme prêt-à-jouer. Les choix à ce niveau ne peuvent donc être imputés à l'interprète, sauf ce qui concerne la mise à sa mesure du programme. Si l'on estime, comme souvent, qu'on n'est pas tenu de jouer toutes les reprises, il y a là une marge d'intervention non négligeable. Néanmoins le texte ne change pas.

Ainsi en vient-on à considérer que ce que Bach propose est une certaine œuvre, telle qu'on l'a évoquée, mais aussi une conception de concert ; pas forcément un modèle, au moins une référence, en tout cas un exemple de cohérence entre l'intention et le programme. Reste à l'interprète à comprendre ce programme de concert, à l'intégrer intimement, de manière à ne pas le mettre en oeuvre à contre-sens. La chose n'est pas simple, car s'il y a des éléments qui s'imposent (la Var. 16 en *Ouverture,* par exemple), beaucoup sont affaire de sensibilité musicale au moins autant que d'analyse. Difficile aussi car on ne peut pas confondre donner le programme et jouer les variations, même si, naturellement, la première action passe par la seconde. Penser le programme, c'est penser la globalité. Il n'y a sans doute jamais eu autant de musiciens de par le monde capables de jouer de belle manière les *Variations Goldberg* pour les publics des salles de concerts (ou les auditeurs d'enregistrements). Mais combien restituent ou donnent un programme « lisible » ? Une observation significative : les critiques de disques rendent compte avec plus de soin de l'interprétation de telles et telles variations que de l'interprétation globale. A les lire, l'idéal serait de disposer d'une version où la Var. 1 serait prise chez X, la Var. 2 chez Y, l'Aria chez Z. Les critiques musicaux, par contre, rendent souvent mieux compte du concert, justement : hier soir, ils sont allés écouter X donner les *Goldberg* ; et ils ne peuvent tarder à écrire leur « papier », n'ayant guère le temps de comparer X avec X il y a dix ans, ou X avec Y dans leurs enregistrements respectifs, etc.

Mais alors, ce programme de concert, quel est-il ? Souvenons-nous : parlant de Bach, Forkel son premier biographe écrit : « la musique était pour lui un langage[1] » et cela veut dire que Bach maîtrisait les moyens d'expression musicaux et rhétoriques. Ce dernier mot est

---

[1] Johann Nikolaus Forkel, *op. cit.,* p. 392.

inévitable car il est établi que Bach avait une large connaissance de la rhétorique et qu'il avait intégré profondément cette culture, comme tous ses contemporains « éduqué». Il la mettait dans la pâte de ses compositions sans y penser, comme Bossuet dans ses sermons ou ses panégyriques. Aujourd'hui encore, alors que l'époque des « humanités » au lycée est vraiment révolue, des avocats, des acteurs politiques, des militants, des débatteurs des médias retrouvent les grands principes de « l'art du discours » et de l'argumentation. Cet art, selon la bonne doctrine, vise à persuader, émouvoir, plaire, et utilise pour cela une méthode (les phases du discours) et des *figures*. Est-ce la donnée première à considérer dans les *Variations Goldberg* ? Peut-être pas ; simplement parce qu'au concert le musicien ne doit convaincre que d'une chose : son talent, pour émouvoir et plaire. Ce qui n'exclut nullement notre intérêt pour l'éloquence dont il y a ici de si magnifiques exemples. Par contre, une forme qu'on pourrait dire atténuée de la rhétorique est nettement perceptible, celle dont notre époque, use et abuse: le *storytelling*. Mais il a toujours été vrai que raconter des histoires captive un auditoire ; l'enfant à qui on raconte une histoire s'assagit ; un bon *western* peut nous faire rester immobile durant deux heures. C'est un musicien, Alexandre Tharaud, qui en fait le constat : « Une heure et demie de *Goldberg*… il faut tenir le public en haleine[1]. » Et voilà bien l'enjeu, pour l'interprète. Comment créer le contact et le garder jusqu'à la dernière note ? Bach ne pouvait pas ne pas s'interroger, et se demander quel programme de concert serait capable de « tenir le public en haleine ». Lui qui eut beaucoup

---

[1] France-Culture, *La grande table*, une émission de Caroline Broué, 20 octobre 2015.

[2] Donald Francis Tovey, op. cit. , p. 53 et p. 71.

[3] Ralph Kirkpatrick, *op. cit.*

d'enfants, toujours amateurs d'histoires, qui composa cantates et passions pour des publics contraints à l'office, et des pièces instrumentales à jouer pour des auditeurs libres de ne pas les entendre, savait mieux que personne que raconter une histoire reste la meilleure voie. « Il était une fois … ». Homère, déjà.

Ici, il convient de faire un point : si dans le cas des *Variations Goldberg* programme et concert se confondent, c'est que l'œuvre est de quelque façon autoréférente. Dès lors, qu'y a-t-il d'autre à chercher que ce qui figure dans la partition ? Après tout le chemin est balisé et, si l'on sait lire la musique, tout est dit. Il semble pourtant que cela ne suffise pas. Du côté de la réception – par l'interprète et par l'auditeur – il paraît difficile d'évoquer la question sans recourir à des images, et particulièrement l'image du voyage. Ainsi, pour Tovey, la Var. 15, « c'est l'auberge au milieu du voyage » ; à la Var. 30 « le héros revient à la maison[1] ». Ralph Kirkpatrick parle de « la lumière de ce voyage – traversée spirituelle[2]. » Il y a ainsi un programme « voyage » des *Goldberg* qui se raconterait à peu près de la manière suivante : L'*Aria* est un agréable logis ; mais l'appel du voyage est fort. D'abord tout va bien ; le pas est alerte. Puis la fatigue arrive ; il faut se reposer. A l'auberge de l'*Andante* il fait bon se détendre, méditer. Avant de repartir, pour revenir. La fatigue des intervalles croissants, la douleur, l'angoisse (la Var. 25 « la perle noire » de Wanda Landowska) vont peser davantage. La dernière ligne droite fait sortir des ressources nouvelles et tout le monde peut chanter dans la quiétude retrouvée.

---

[1] Donald Francis Tovey, op. cit. , p. 53 et p. 71.

[2] Ralph Kirkpatrick, *op. cit.*

Mais il y a, de toute manière, un programme de « voyage musical » et seulement musical à considérer prioritairement, et sans autre idée que de rechercher, là aussi, « ce que la musique dit d'elle-même » dans la perspective du concert. En usant de « rhétorique narrative », selon l'expression de Peter Williams, on pourrait raconter ainsi le programme-concert : au départ, l'Aria est posée, seule devant le public jusqu'à la fin. Ensuite, la Var. 1 forme le porche d'entrée de la première partie. C'est un morceau carré, déterminé. Sachant que le module de base du parcours est la triade avec, dans l'ordre, une variation brillante, une variation en canon, une variation libre, on a deux modules préparatoires ou introductifs. Le premier (Var. 2, 3 , 4) présente de manière simple et attractive les principes qui sont au cœur de l'œuvre, installant un style et un climat. Le second module (Var. 5, 6, 7) presse davantage dans la voie du grand concert. La Var. 5 donne une première tentative de beau jeu virtuose et spectaculaire, aussitôt régulée par la Var. 6 (canon), elle-même rapidement suivie d'un morceau d'une légèreté toute française. Au terme de cette première séquence de six variations les fondements harmoniques, rythmiques, contrapuntiques et émotionnels sont établis.

Avec la seconde séquence (Var. 8 à 13) elle aussi composée de deux modules, on avance en complexité, diversité, contrastes. La Var. 8 confirme le penchant pour l'éclat, le brio, tandis que la Var. 13 à la fois élargit la perspective et prépare l'arrivée de la toccata conclusive de cette première partie. En passant, la Var. 10 se présente comme un repère sur un parcours déjà important.

La Var. 15 constitue un mouvement à elle seule, au moins un pivot. En manière de mouvement lent de sonate ou de concerto, elle est originale et essentielle. Première en mode mineur, elle tempère l'enthousiasme qui l'a précédée, permet un approfondissement de l'écho du concert chez les auditeurs. S'ouvrant sur un mouvement contraire de la réponse, bientôt suivi de chromatismes, elle fait entendre une sorte de déchirure.

La seconde partie affirme d'entrée de jeu que la retenue, s'il y en avait eu une – n'est plus de mise. « L'esprit de rhétorique de concert » (Williams) l'emporte décidément. Les extrêmes s'exaspèrent, se tendent vers l'exubérance d'un côté (Var. 20, 23, 26) et la tristesse, le pathétique même, de l'autre (Var. 21, 25). Le concert, au sens ordinaire s'achève avec la Var. 29. La Var. 1 commençait avec une cellule sol-fa-sol ; la Var. 29 la reprend pour l'amplifier, la donner dans un *tutti* éblouissant. Le concert est fini, il faut l'annoncer, le confirmer. Mais on ne va pas se quitter comme ça : chantons un *quodlibet*, ici quelque chose comme un choral profane. Il n'y a plus qu'à reprendre l'Aria.

CHAPITRE IX

Les *Variations Goldberg* : une musique à programme ?

Un proverbe chinois disait déjà : la façade appartient à celui qui la regarde. De même, l'œuvre appartient à l'auditeur ; au moins a-t-il un droit d'appropriation. Citant Boucourechliev j'ai fait allusion plus haut à la vision moderne qui fait considérer l'œuvre d'art, et donc musicale aussi bien, comme processus impliquant trois coproducteurs : l'auteur/compositeur-concepteur, l'interprète–réalisateur, l'auditeur-récepteur. La place médiane de l'interprète est singulière. Il est bien en effet le médiateur sans qui rien n'arrive – à moins qu'il ne se confonde avec l'un ou l'autre des deux autres. C'est donc bien lui qui réveille l'œuvre, lui insuffle la vie active et grâce à qui la musique advient.

La mission de l'interprète paraît simple à première vue. C'est une illusion naturellement, et les mélomanes qui ont dans leur discothèque plusieurs enregistrements des *Variations Goldberg* en savent quelque chose. De l'interprète ces derniers attendent à la fois qu'il soit fidèle à la lettre et à l'esprit (compte tenu de ce qu'on sait à un moment donné) de la partition et qu'il fasse preuve de sa propre capacité coproductrice en révélant quelque aspect de l'œuvre qu'on n'a pas encore, ou pas si bien, perçu. La satisfaction de ces attentes fait les « grandes versions », non obligatoirement celles qui sont réputées telles, mais celles auxquelles le mélomane-auditeur revient.

L'auditeur est ce lieu où l'œuvre, bien transmise, peut déployer toute sa richesse, toutes ses humeurs, tous ses parfums, toutes les images qu'elle fait surgir dans son sillage. A ce stade, tous les auditeurs des *Variations Goldberg* peuvent chanter avec Nougaro : « Sur l'écran noir de mes nuits blanches où je me fais mon cinéma[1] ». C'est bien là le pouvoir et la part de l'auditeur qui ne doivent pas lui être interdits ou enlevés. Pour autant qu'il s'agisse d'une musique elle-même détentrice d'une capacité unique à déployer une infinité de représentations, d'échos, d'harmoniques en ceux qui l'écoutent . Avec Bach, cette question ne se pose pas. Malheureusement, il est des interprétations qui épuisent ce gisement incomparable et arrivent à rendre inféconde cette musique chez l'auditeur. Alors on peut dire que le pouvoir de transmutation symbolique de l'auditeur est ignoré ou méprisé. Bien entendu, l'interprète aussi a ce pouvoir, un droit même, mais à exercer dans le cadre d'une déontologie. Le contrat tri-partite passé implicitement prescrit que l'interprète donne d'abord à l'auditeur le programme *musical* de l'œuvre du compositeur. C'est une clause nécessaire pour que l'œuvre reste ouverte jusqu'à l'ultime auditeur. Or il y a des programmes (ici, au sens de notices d'information…) qui donnent une « lecture » hypothétique, sélective, univoque, de l'œuvre présentée qui biaise l'écoute sans aucun bénéfice.

On touche ici un point délicat, difficile. Nikolaus Harnoncourt : « Pour la musique baroque […] il ne faut pas séparer la musique « pure » de la musique à programme ; en effet il n'existe guère de musique baroque sans programme, si l'on peut qualifier de programme un événement dramatique à l'issue incertaine – souvent dépourvu d'ailleurs de contenu concret, et rendu avec les

---

1 Claude Nougaro, *Le cinéma*, musique de Michel Legrand, Warner Chappell Music France, Les Editions Du Chiffre Neuf.

moyens de la rhétorique[1]. » Effectivement, chez Bach il y a très souvent un programme explicite (avec des mots, dans la musique chorale), et parfois un programme implicite ou caché (par exemple, les Psaumes dans la musique d'orgue, selon Pierre Vidal[2]). Les *Variations Goldberg* sont une aubaine à cet égard. On n'y trouve pas un mot qui induise quoi que ce soit dans ce sens et pourtant le sentiment vient de lui-même chez l'auditeur d'écouter un cheminement, l'évocation d'une route, avec un départ et une arrivée, et donc, sans rien violenter, le récit d'un voyage. En jouant même, une image surgit, par exemple, à la Var. 29 qui « appelle » la « Grande porte de Kiev », non parce que les deux pièces se ressemblent mais parce qu'elles ont toutes deux, chacune à sa façon, une forte vertu conclusive et que les deux expériences musicales se croisent tout à coup. Ainsi, plutôt que d'un art de la rhétorique / art du discours, je verrais plus volontiers ici un art du récit, sachant aussi que l'un et l'autre ne sont pas sans liens naturellement.

Toutefois, si cette manière de dire est plus proche de nos vues actuelles, elle s'avère peut-être hasardeuse. Car linéarité n'induit pas automatiquement récit. Jean-Jacques Nattiez s'est beaucoup interrogé sur cette question de « la musique, considérée a priori « comme art narratif » alors qu'elle n'est qu'un proto-récit, un récit « associé » à la musique[3] ». Et de conclure : « Si je peux risquer une

---

[1] Nikolaus Harnoncourt, *Le discours musical – Pour une nouvelle conception de la musique*, Gallimard, 1984 , p. 191

[2] Pierre Vidal, *Bach, les Psaumes; Passions, images et structures dans l'œuvre d'orgue* , Stil, 1977.

[3] Jean-Jacques Nattiez, « La Narrativisation de la musique », *Cahiers de Narratologie* [En ligne], 21 | 2011, mis en ligne le 21 décembre 2011, consulté le 07 janvier 2017. URL : http://narratologie.revues.org/6467

explication d'ordre culturel à la tentation narratologique de la musicologie récente, je dirai qu'en cette période post-moderniste, des musiciens et des musicologues se rejoignent pour tenter de concevoir la musique selon ce qu'elle a de commun avec le récit littéraire, selon cette dimension fondamentale de la linéarité dont il faudra alors se demander si elle ne constitue pas, pour l'ensemble des formes symboliques inscrites dans le temps, une constante universelle du plaisir humain[1]. » Même si les *Variations Goldberg* attisent d'elles-mêmes la « tentation narratologique » - comment ne pas penser au *Capriccio sopra la lontananza del suo fratello dilettissimo ?* – il est prudent de rester au plus près du voyage entendu musicalement. Sinon, comme pour les neuf canons, l'écart entre l'œuvre et son interprétation ne cesse de grandir. Autobiographie[2], exposition de tableaux, galerie de portraits, cosmogonie, kabbale, sans parler de numérologie, il n'y a pas de limites à l'interprétation, voire à son délire. Parfois – mais ce n'est justement pas le cas ici – le compositeur s'y adonne lui-même. Gilles Cantagrel ne force rien quand, considérant le *Troisième ordre* de François Couperin (treize pièces), il écrit : « Il n'est en effet pas difficile de lire un « programme » dans cette suite de pièces, qui mène la pure jeune fille au travers des méandres des étapes de sa vie jusqu'à sa perte et au désespoir de la vieillesse. Une sorte d' « amour et la vie d'une femme », quelque peu libertine et assurément

---

1 Jean-Jacques Nattiez, « Peut-on parler de narrativité en musique ? », *Canadian University Music Review / Revue de musique des universite´s canadiennes*, vol. 10, n° 2, 1990, p. 68- URI: http://id.erudit.org/iderudit/1014886ar

2 Combinant le hasard et le plausible, on pourrait lire dans les neuf canons les neuf territoires où Bach a séjourné : *Eisenach, Ohrdruf, Lüneburg, Lübeck, Arnstadt, Mühlhausen, Weimar, Coethen, Leipzig.*

désabusée. Une narration[1]. » Couperin, en effet, tend une grosse perche dans cette direction. Et quand il arrivera à Beethoven de faire une *Symphonie pastorale* il mettra dans l'embarras ses successeurs musiciens et musicologues. Leonard Bernstein qui l'utilise pour illustrer des significations purement musicales, alors qu'il la trouve « encombrée d'un bout à l'autre de significations non musicales », finit par dire : « débarrassons-nous de tout cela. Je vous lance un défi : videz votre esprit de toutes les notions non musicales, oiseaux, ruisseaux et autres charmes rustiques, et concentrez-vous exclusivement sur la musique, sur tous ses charmes métaphoriques *propres.* Je veux que vous l'entendiez comme si c'était la première fois[2]. » De son côté, F.-R. Tranchefort conclut le même débat par ce propos définitif : « la *Pastorale* – c'est l'évidence – est au premier chef musique, rien que musique[3]. »

Ce « rien que musique » ne manquerait pas de choquer si, en en faisant un « rien que musicien » on l'appliquait à Monsieur Bach. Je dis « Monsieur » à dessein, car il y a toute une littérature sur JSB et SDG (*soli deo gloria*) qui franchit allègrement une ligne jaune intellectuelle au delà de laquelle on affirme que le génie de Bach tient à sa foi religieuse. Philippe Zwang[4] écrit ainsi : « Pour Philippe Spitta [biographe de Bach], Bach ne pouvait composer et

---

[1] Gilles Cantagrel, *Passion baroque – Cent cinquante ans de musique en Europe*, Fayard, 2015. – p. 149.

[2] Leonard Bernstein, *La Question sans réponse*, trad . de l'américain par Odile Demange, Robert Lafont, 1982, p. 136.

[3] François-René Tranchefort (sous la dir. de), *Guide de la musique symphonique*, Coll. Les indispensables de la musique, Fayard, 1986, p. 60.

[4] Philippe Zwang, *Jean-Sébastien Bach*, Ed. Champion, Paris, 1990. – p. 222.

créer que par sa foi, en servant Dieu. » Je ne sais si l'assertion (par rapport à Spitta) est fondée mais elle indique bien une tendance à entourer l'œuvre de Bach d'un brouillard théologico-mystique dans lequel sont allègrement confondues les données concernant ses convictions et sa piété personnelles, celles concernant le contexte historique, culturel, artistique et sociologique dans lequel il a vécu, celles concernant la nature des musiques qu'il a eu à composer, ses obligations professionnelles et les liens de tout ceci avec sa capacité créatrice de musicien. Pour abréger cet autre débat je me limite à observer que si Bach reste si présent parmi nous, ce n'est pas parce qu'il était un pieux luthérien mais bien parce qu'il a laissé une œuvre à nulle autre pareille, et que les seuls combats qu'il ait menés dans sa vie ne concernaient que la musique. L'homme était conservateur sous bien des aspects ; il n'empêche, c'est naturellement à bon droit qu'on peut voir dans les *Variations Goldberg* le « manifeste de modernité[1] » d'un artiste conscient de l'autonomie de son art, plutôt que de l'« outil de domination sur les esprits » d'un prédicateur-prophète[2]. Dans son dernier chapitre qu'il consacre à la « grandeur du génie de Bach », Forkel n'a pas un mot à propos de foi ou de religion[3].

Ainsi, demandera-t-on à l'interprète de nous transmettre cette musique, de nous donner ce concert, en nous laissant le soin, à nous auditeurs, d'apprécier si, au dedans de nous, le voyage musical nous conduit à d'autres voyages, y compris spirituel ou mystique . Mais, remarque un critique, « Il y a mille et une manières de jouer les *Goldberg* en particulier et Bach en général [...] et la

---

[1] Gilles Cantagrel, *Le Moulin et la rivière- op. cit.* p. 489.

[2] Marcel Pfender, *Jean Sébastien Bach, chantre de Dieu*, Ed. « Je Sers », Paris, 1943 – p. 97.

[3] Johann Nikolaus Forkel, *op. cit.*, p. 444.

bonne, la seule qui compte, *hic et nunc*[1]. » Heureux auditeurs ceux pour lesquels un autre critique écrit : « A la science et à la virtuosité des clavecinistes de la jeune génération, Céline Frisch ajoute le naturel d'un jeu qui conjugue les charmes ensorcelants d'un toucher subtil. Chaque variation naît de la précédente qui se fond elle-même dans la suivante avec un sens de la narration qui charme et hypnotise[2]. » Voilà l'une des mille, significative de cette manière fluide qui est bien dans l'œuvre et qui est heureusement transmise.

Profitons de l'exemple pour revenir au *Kehraus* déjà évoqué. « Le *Kehrhaus* a aussi un autre sens [celui de] la dernière danse qui mène les humains vers leur fin dans un ultime tourbillon[3]. » Jean–Paul Combet, qui apporte ce complément, rapproche du *Quodlibet* de Bach le tableau de même titre d'un peintre hollandais du XVIIème siècle, une nature morte figurant « la vanité des vanités ». On ne peut pas ne pas être saisi du contraste entre la pleine vie que l'artiste d'aujourd'hui donne à l'œuvre et ce que celle-ci représente alors. C'est en réalité bien naturel car, *in fine*, quelles que soient ses raisons d'être et ses finalités, le sens de l'œuvre d'art est immanent. « Si l'on se contente d'écouter pour comprendre et connaître, alors il n'y a pas de musique religieuse, pas plus qu'il n'y a de musique sociale, morale ou érotique[4] » écrit Boris de Schlœzer dans des pages fort éclairantes sur cette question de « musique à programme ».

---

[1] Renaud Machart, dans *Le Monde* du 17 septembre 1999, article à propos de Murray Perahia.

[2] Alain Lompech, dans *Le Monde*, 2001.

[3] Jean-Paul Combet dans le livret de l'enregistrement de Céline Frisch, Alpha 14 – CD 1, 2001.

[4] Boris de Schlœzer, *op. cit.*, p. 422.

A un moment ou un autre c'est bien sur le programme *musical* qu'il faut s'interroger, parce que c'est là proprement le lieu de l'invention du compositeur, le cœur esthétique de sa création, là où les mots et les sentiments ne peuvent plus rien dire. C'est pourquoi il faut jouer les *Variations Goldberg* – amateurs compris – pour y entrer vraiment.

Jouer suppose d'être conscient que l'interprète, en même temps qu'acteur, est son propre metteur en sons. D'où la distance qu'il doit veiller à garder entre les deux rôles, de manière à ce que jouant, et quelle que soit la force de l'inspiration du moment, il n'échappe pas aux directives du metteur en sons. La préparation de sa *performance* doit inclure la conception des inter-variations et donc l'exécution des silences autant que celle de la musique écrite. « Qu'est-ce que ça donne » quand on se propose de jouer ce concert dans la forme évoquée ici ? Je veux dire : quelle réponse apporter à la question de savoir comment mettre en œuvre les principales articulations qui exprimeraient cet esprit de concert en variations. Au delà du traitement des reprises (qui jouent un rôle essentiel dans le dessin des grandes masses), des tempi, de l'évolution du style de jeu, il me semble que cela concernerait le traitement de ces inter-variations, des espaces, ou plutôt des temps, qui séparent les variations mais les lient aussi. Ainsi peut-on imaginer, sans esprit de système, des enchaînements continus (sans aucune pause), des enchaînements discontinus (après un point d'orgue, par exemple), des petites pauses - 2-3 secondes - entre les triades, des pauses – quelques secondes - entre les « suites » et de part et d'autre des pièces structurantes, et une grande pause après la Var. 15. Sur ce dernier point la question est celle d'un véritable entracte. Plus largement, l'attitude de l'interprète devant l'instrument devient elle-même plus expressive, et jusqu'à sa présence / absence. Il y a une relation entre ces éléments : plus on tend à l'exhaustivité de l'œuvre et plus il convient de gérer avec attention ses respirations et ses grandes articulations. A la limite, on peut imaginer, comme dans la *Clavier Übung III*, et selon les circonstances, mais d'une autre manière, une grande version (avec toutes les reprises) et une petite version des *Variations Goldberg,* toutes deux respectueuses du *programme*.

*

Avec les *Variations Goldberg* Jean-Sébastien Bach se retrouve « précurseur de cette conception moderne de la variation[1] » qui annonce le Beethoven des *Diabelli*, Brahms, Webern et tant d'autres.

Les *Variations Goldberg* ou l'œuvre « bachienne » au plus haut degré et « qui dure en tant qu'elle est capable de paraître tout autre que son auteur l'avait faite. Elle dure pour s'être transformée, et pour autant qu'elle était capable de mille transformations et interprétations[2]. »

Les *Variations Goldberg* ou l'Aria, ses métamorphoses, et celles de ceux qui les jouent, qui les entendent. Toute métamorphose est un changement de forme et quand elle succède à une autre, à une autre, à une autre... on peut se demander au terme du voyage si on est toujours le même et si on revient bien au même logis. Bach rassure : on ne s'est pas égaré, on n'est pas modifié, même si on a changé. Et comme le Vieux Marin de Coleridge au retour d'un voyage au long cours, si l'interprète ou l'auditeur demande : « *Is this mine own*

---

[1] André Boucourechliev, « Bach selon Beethoven selon Bach », dans *Silences*, n°2, Bach, 1985, p. 21

[2] Paul Valéry, *Tel quel*, Gallimard, coll. Idées, 1971, p. 206.

countree ? », est-ce là mon pays ? La réponse est : oui, parce que mon pays, c'est l'*Aria*, celui d'où l'on est parti.

Par un clin d'œil de l'histoire, c'est un autre Hermann von Keyserling (1880-1946) qui a dit : « Le chemin qui mène de soi à soi fait le tour du monde[1]. » S'il faut une clé pour entrer dans les *Variations Goldberg* c'est peut-être de ce côté qu'il faut la chercher. Bach nous fait le récit d'un grand voyage, mais il ne nous dit pas lequel puisque nous l'avons sous les yeux. Il atteste seulement que c'est lui qui l'a fait, puisqu'il y a mis son chiffre, sa signature. On a déjà remarqué que chaque partie compte 14 pièces, qu'il y a 14 paires de variations… On peut ajouter que si l'on additionne le nombre des variations structurantes (6) : 1, 14, 15, 16, 29, 30 et celui des triades de variations en paires (8), le résultat est 14. BACH.

---

[1] Cité par Georges Gusdorf, *Les écritures du moi*, Editions Odile Jacob, 1991, p. 8.

Table des matières

L'HARMATTAN ITALIA
Via Degli Artisti 15; 10124 Torino
harmattan.italia@gmail.com

L'HARMATTAN HONGRIE
Könyvesbolt ; Kossuth L. u. 14-16
1053 Budapest

L'HARMATTAN KINSHASA
185, avenue Nyangwe
Commune de Lingwala
Kinshasa, R.D. Congo
(00243) 998697603 ou (00243) 999229662

L'HARMATTAN CONGO
67, av. E. P. Lumumba
Bât. – Congo Pharmacie (Bib. Nat.)
BP2874 Brazzaville
harmattan.congo@yahoo.fr

L'HARMATTAN GUINÉE
Almamya Rue KA 028, en face
du restaurant Le Cèdre
OKB agency BP 3470 Conakry
(00224) 657 20 85 08 / 664 28 91 96
harmattanguinee@yahoo.fr

L'HARMATTAN MALI
Rue 73, Porte 536, Niamakoro,
Cité Unicef, Bamako
Tél. 00 (223) 20205724 / +(223) 76378082
poudiougopaul@yahoo.fr
pp.harmattan@gmail.com

L'HARMATTAN CAMEROUN
BP 11486
Face à la SNI, immeuble Don Bosco
Yaoundé
(00237) 99 76 61 66
harmattancam@yahoo.fr

L'HARMATTAN CÔTE D'IVOIRE
Résidence Karl / cité des arts
Abidjan-Cocody 03 BP 1588 Abidjan 03
(00225) 05 77 87 31
etien_nda@yahoo.fr

L'HARMATTAN BURKINA
Penou Achille Some
Ouagadougou
(+226) 70 26 88 27

L'HARMATTAN SÉNÉGAL
10 VDN en face Mermoz, après le pont de Fann
BP 45034 Dakar Fann
33 825 98 58 / 33 860 9858
senharmattan@gmail.com / senlibraire@gmail.com
www.harmattansenegal.com

L'HARMATTAN BÉNIN
ISOR-BENIN
01 BP 359 COTONOU-RP
Quartier Gbèdjromèdé,
Rue Agbélenco, Lot 1247 I
Tél : 00 229 21 32 53 79
christian_dablaka123@yahoo.fr